# LE MOINE,

## ou le

# PACTE INFERNAL.

*Traduit de l'Anglais.*

~~~~~~~~~~~~~~~~~~~~~~~~

## Tome Premier.

~~~~~~~~~~~~~~~~~~~~~~~~

# PARIS,

## BERTRANDET, LIBR'.-ÉDITEUR.

# LE

# MOINE,

## OU

# LE PACTE INFERNAL,

### TRADUIT DE L'ANGLAIS.

*Songes, devins, sorciers, fantômes imposteurs,*
*Prodiges, noirs esprits et magiques terreurs.*

## Tome 1.

## PARIS,

### Chez BERTRANDET, LIBRAIRE.

## 1830

# LE MOINE.

## I.

« Si quelqu'un vous paraît excessivement vertueux,
si vous rencontrez un homme qui, déchaîné contre les vices dont il est peut-être exempt, ne compatit point aux faiblesses d'autrui, ressouvenez-
vous de mes paroles. Croyez qué cet homme, en
apparence si parfait, cache sous des dehors séduisans un cœur gonflé d'orgueil et de luxure. »

*Prophétie de la Bohémienne.*

Il y avait á peine cinq minutes que la
cloche du couvent sonnait, et déjá l'église
des Dominicains était si pleine d'auditeurs,
qu'on pouvait á peine s'y retourner. N'allez pas vous imaginer que la dévotion ou le
désir de s'instruire, fut le motif d'un si
grand empressement : chercher quelques
sentimens de piété vraie parmi un peuple
aussi superstitieux que celui de Madrid, ce
serait peine perdue. Chacun avait ses raisons pour venir á l'église, raisons secrètes,
dont il serait difficile d'obtenir l'aveu, et
qui n'avaient aucune conformité avec les

apparences. Les femmes y venaient, en général, pour se montrer, et les hommes pour les voir ; quelques-uns pour entendre le prédicateur, qui jouissait d'une grande célébrité, d'autres pour passer le temps , en attendant l'heure de la comédie; en un mot, une moitié de Madrid s'attendait á rencontrer lá l'autre moitié. Les seules personnes qui désiraient réellement d'entendre le sermon , étaient quelques dévôtes sexagénaires, et environ une demidouzaine de prédicateurs rivaux qui se disposaient á le critiquer , et même á le tourner en ridicule, s'il était possible. Quant au reste de l'auditoire, le révérend Père pouvait, á son choix, prêcher bien on mal, prêcher même ou ne pas prêcher , c'étaitlá le moindre de leurs soucis.

Quoi qu'il en soit, et quel que fût le motif particulier de chaque individu, il est au moins certain que jamais l'église des Dominicains n'avait contenu une plus nombreuse assemblée. Tous les coins étaient remplis , toutes les chaises occupées. Les statues mêmes , placées pour l'ornement entre les colonnes de la nef, étaient cejourlá utiles au public ; on voyait des enfans vivans suspendus sur les ailes des chérubins. Saint Dominique, Saint François, Saint Marc, portaient chacun un spectateur, et Sainte Agathe se trouvait chargée

d'un double fardeau. Il n'y a donc pas lieu
de s'étonner si , malgré toute leur diligence, nos deux arrivantes, en entrant
dans l'église , regardèrent inutilement á
droite et á gauche , et ne trouvèrent plus
une seule place vacante.

Cependant la plus âgée des deux continua de se porter en avant , faisant fort
peu d'attention aux murmures de mécontentement qui s'élevaient contre elle. On
lui criait en vain de tous côtés : « Je vous
assure, Madame, qu'il n'y a point de place
ici. — Mais, Segnòra , ne poussez donc
pas si fort; vous culbutez tout le monde.
— Encore un coup , Madame, vous ne
pouvez pas passer par-lá. Bon dieu , qu'il y
a des gens insupportables » ! La chère tante
était obstinée : elle travailla avec tant d'activité de ses pieds , de ses genoux et de ses
coudes , qu'elle se trouva en assez peu de
temps au milieu de l'église , et à dix pas
tout au plus de la chaire. Sa compagne
l'avait suivie en silence, profitant, d'un air
timide, de chaque pied de terrain que gagnait sa conductrice. « Sainte Vierge, s'é-
cria la vieille, quelle chaleur ! Je voudrais
qu'on m'expliquât ce que tout cela veut
dire ; pourquoi cette foule insupportable?
Pas une chaise vacante, et pas un homme
assez galant pour nous offrir la sienne ! Je
croyais qu'á Madrid on était plus poli ».

Ce propos excita l'attention des deux jeunes gens, qui, penchés en avant sur le dossier de leur chaise, et le dos tourné contre le septième pilier, à compter depuis le portail, causaient ensemble, et avaient l'air de se faire mutuellement quelques confidences. Tous les deux étaient fort bien mis. Entendant cet appel fait á leur politesse par une voix de femme, ils tournèrent un peu la tête, et cherchèrent des yeux celle qui venait de parler. Elle avait levé son voile pour mieux distinguer le monde qui l'environnait. Voyant que cette dame avait les cheveux roux et les yeux louches, les deux jeunes gens reprirent leur première attitude, et continuèrent leur conversation.

« Retournons au logis, ma chère tante, je vous en prie, dit l'autre ; la chaleur est insupportable ; il y a tant de monde ici que cela fait peur ».

La voix de celle qui prononça ces mots était remarquable par son extrême douceur. Les deux jeunes gens tournèrent la tête de nouveau ; mais ils ne se contentèrent pas cette fois de jeter un coup-d'œil ; tous deux firent involontairement un mouvement de surprise en apercevant celle qui venait de parler.

Cette voix était celle d'une femme qui paraissait jeune, et dont tout l'ensemble

était bien propre á faire naître le plus vif
désir de voir son visage. Malheureusement
le voile noir dont il était couvert n'était
point transparent; mais la foule l'avait un
peu dérangé, en sorte qu'il était possible
d'apercevoir un cou qui ne le cédait point
en beauté á celui de la Vénus de Médecis.
Blanc comme la neige, il était ombragé
par une forêt de cheveux châtains, qui
descendaient en boucles jusqu'á sa ceiu-
ture. Sa taille était légère et flexible comme celle d'une nymphe des bois ; son sein
était soigneusement voilé. Elle portait à
son bras un chapeletá gros grains. Sa robe
blanche, qu'ornait une ceinture bleue,
laissait voir un pied mignon, dont un sou-
lier mordoré dessinait agréablement la
forme. Telle était la femme à laquelle le
plus jeune des deux s'empressa d'offrir sa
chaise, exemple que l'autre fut obligé d'i-
miter envers la dame aux yeux louches.

Celle-ci accepta l'offre avec de grandes
démonstrations de reconnaissance, mais
sans se faire prier. La jeune l'accepta également, mais sans autres complimens qu'une
révérence. Don Lorenzo (tel était le nom
du jeune homme) se procura une autre
chaise, et se plaça près d'elle ; mais ce ne
fut qu'après avoir dit á l'oreille quelques
paroles á son ami, qui, entendant á demi-
mot, se place de son côté près de la vieille

dame, et entra avec elle en grande conversation.

« Vous êtes sans doute, Mademoiselle,
arrivée depuis peu de temps à Madrid, dit
Lorenzo à sa belle voisine ; tant de charmes y auraient déjá fait du bruit, si ce
n'était aujourd'hui votre première apparition ; la jalousie des femmes et les hommages des personnes de mon sexe, auraient
déjá attiré sur vous l'attention générale ».

Il attendit une réponse ; mais comme ce
qu'il avait dit n'était pas une interrogation
directe, la jeune personne ne répondit
point. Après quelques instans de silence,
il reprit :

« En soupçonnant que vous êtes étrangère à Madrid, ai-je fait, Mademoiselle,
une fausse conjecture » ?

La jeune personne hésita ; après quelques instans d'indécision, elle se détermina á lui répondre tout bas. — « Non,
Monsieur ».

« Comptez-vous y rester long-temps » ?

« Oui, Monsieur ».

« Je m'estimerais fort heureux, s'il était
en mon pouvoir de vous y procurer quelque agrément. Je suis bien connu á Madrid, et ma famille a du crédit á la cour.
Si vous me permettez de vous y rendre
quelque service, ce sera tout-á-la-fois
m'honorer et m'obliger ».

A moins que cette jeune personne , dit-
il en lui-même, n'ait fait vœu de ne jamais
répondre que par monosyllabes , elle doit
á présent me dire quelque chose.

Lorenzo fut trompé dans son attente ;
elle ne lui répondit que par une profonde
inclination de tête.

Il s'aperçut alors que sa voisine n'aimait
pas la conversation. Mais cette taciturnité
provenait-elle d'orgueil, de discrétion , de
timidité, ou d'un défaut de vivacité , c'est
ce dont il ne pouvait encore s'éclaircir.

Après quelques instans de silence. « On
voit , Mademoiselle , que vous connaissez
peu nos usages , puisque vous continuez à
porter votre voile. Permettez-vous que je
vous en débarrasse » ?

Au même instant Lorenzo avança la
main vers le voile : elle l'arrêta.

« Non , Monsieur, je n'ôte jamais mon
voile en public ».

« Et quand vous l'ôteriez , ma nièce ,
quel mal y aurait-il, je vous prie ? dit
Léonelle (c'était le nom de la vieille); ne
voyez-vous pas que toutes les autres dames
ont ôté le leur. J'ai déjà mis le mien de
côté, et assurément si j'expose mon visage
aux regards du public , il me semble que
vous pouvez bien aussi exposer le vôtre.
Allons, mon enfant, ôtez votre voile ; je
vous réponds que personne ne s'enfuira en
vous voyant ».

« Ma chère tante , ce n'est pas l'usage en Murcie ».

« En Murcie ! et qu'importe ? Vous ne cesserez donc pas de nous parler de ce triste pays ? Si c'est la coutume à Madrid , cela doit nous suffire. Otez donc votre voile. Obéissez-moi sur-le-champ, Antonia ; vous savez que je n'aime point la contradiction».

La nièce ne répondit point ; mais elle ne s'opposa plus aux efforts de Don Lorenzo , qui , fort de l'approbation de la tante , se hâta d'enlever le voile. La plus jolie figure se présenta alors à son admiration ; ce qu'on peut appeler une vraie tête de séraphin. Cependant elle était plus jolie que belle. Le charme provenait moins de la régularité de ses traits que de l'air de douceur et de sensibilité répandu sur toute sa physionomie ; elle paraissait âgée tout au plus de quinze ans. Chaque partie de son visage , prise séparément , n'était point parfaite ; mais le tout était adorable. Sa peau n'était pas totalement exempte de taches ; ses yeux n'étaient pas fort grands; ses paupières n'étaient pas extraordinairement longues ; mais ses lèvres avaient la fraîcheur de la rose. Son cou , sa main , son bras, tout était parfait. Ses yeux étaient doux et brillans comme le ciel. Un sourire fin qu'on voyait errer sur ses lèvres , annonçait en elle une aimable vivacité que

comprimait visiblement son excessive timidité. L'embarras de la modestie se peignait dans tous ses regards, et lorsqu'ils
rencontraient par hasard ceux de Lorenzo,
aussitôt on les voyait retomber sur son rosaire. Ses joues se coloraient ; elle disait
alors son chapelet avec beaucoup d'attention, comme on peut le croire.

Lorenzo tenait les yeux fixés sur elle,
avec un mélange de surprise et d'admiration. Léonelle crut devoir faire quelques
excuses sur la timidité puérile de sa nièce.

« C'est une enfant, dit-elle, qui n'a jamais vu le monde ; elle a été élevée dans
un vieux château de la Murcie, et n'a jamais eu d'autre société que celle de sa
mère qui, Dieu lui fasse paix, n'a pas le
sens commun, quoiqu'elle soit ma sœur
et de père et de mère ».

« Et elle n'a pas le sens commun ! dit
Don Christoval avec un feint étonnement;
cela me paraît fort extraordinaire ».

« Oh ! c'est un fait, Monsieur ; et cependant voyez comme certaines gens ont du
bonheur ! Un jeune seigneur, d'une des
premières maisons de Madrid, s'avisa de
trouver que ma sœur avait de l'esprit et
qu'elle était jolie. Pure chimère ! ma sœur
avait à la vérité des prétentions à tout cela;
mais moi qui la connais, je sais fort bien
qu'elle n'avait ni esprit ni beauté, et j'ose

me flatter que , si j'avais pris pour plaire
la moitié autant de peines.... Mais ce n'est
pas là ce dont il s'agit. Je disais donc ,
Monsieur , qu'un jeune seigneur devint
amoureux d'elle , et l'épousa à l'insu de
son père. Leur union resta secrète pendant près de trois ans ; mais enfin le vieux
Marquis , fort mécontent en apprenant
cette nouvelle , prit aussitôt la poste pour
Cordoue , résolu de faire arrêter Elvire
et de l'envoyer si loin , qu'on n'en enten-
dit jamais parler. Quel tapage il fit, grand
Dieu ! lorsqu'en arrivant il trouva qu'elle
s'était échappée , qu'elle était allée rejoindre son mari , et qu'ils venaient de
s'embarquer l'un et l'autre pour les Indes
occidentales ! Il jura, tempêta contre nous
tous , comme s'il eût été possédé du malin
esprit ; il fit jeter mon père dans une pri-
son ; mon père ! qui, j'ose le dire , était
bien le plus honnête cordonnier qu'on pût
trouver dans Cordoue ; et quand il nous
quitta , il eut la cruauté de nous enlever
le petit garçon de ma sœur , un enfant de
deux ans , que, dans la promptitude de sa
fuite , elle avait été forcée de nous laisser.
J'ai tout lieu de présumer qu'il en a fort
mal agi avec le pauvre enfant , car nous
avons reçu , peu de mois après, la nouvelle de sa mort ».

« C'était , Madame , un méchant vieillard, que ce Marquis-lá », dit Don Christoval.

« Un grossier, un homme sans discernement ! Croiriez-vous, Monsieur, qu'il eut l'insolence de me dire, lorsque je m'efforçais de l'appaiser : « Retirez-vous, sorcière. Je voudrais, pour punir le Comte, que votre sœur vous ressemblât ».

« Voilá un propos fort ridicule, s'écria Don Christoval. Je ne doute pas que le Comte, au contraire, n'eût été fort aise d'échanger, s'il eut été possible, une sœur pour l'autre ».

« Ah ! monsieur, vous êtes réellement trop poli. Cependant je ne suis pas fâchée, d'après l'événement, qu'il ait donné la préférence à ma sœur. La pauvre Elvire n'a pas eu fort á se féliciter des suites de cette union. Après treize mortelles années de séjour en Amérique, son mari mourut ; elle revint en Espagne, sans argent, sans ressource, sans asyle où elle pût reposer sa tête. Antonia, que vous voyez, etait le seul enfant qui lui restât. Son beau-père, toujours irrité contre le Comte, s'était remarié pendant leur absence ; il avait eu de sa seconde femme un fils, qu'on dit être aujourd'hui un fort aimable jeune homme. Le vieux marquis refusa de voir ma sœur á son retour ; cependant il lui assigna une modique pension, moyennant qu'elle irait vivre avec son enfant en Murcie, dans un vieux château qui avait été jadis l'habitation favorite de son fils aîné, et que, pour cette raison, le vieux Marquis laissait tomber en ruine. Ma sœur accepta la proposition et se rendit en Murcie, où elle est restée jusqu'à la fin du mois dernier ».

« Et quelle affaire l'a conduite á Madrid » ? dit Lorenzo, qui avait écouté avec le plus vif intérêt le récit de Léonelle.

« Hélas ! Monsieur, son beau-père vient de mourir ; l'intendant du château de Murcie a refusé de lui payer plus long-temps sa pension. Elle vient d'arriver à Madrid dans l'intention d'adresser ses sollicitations au jeune Marquis ; mais je crains qu'elle n'ait pris une peine inutile. Vous n'avez jamais trop d'argent, vous autres jeunes seigneurs, et vous n'êtes jamais disposés à vous en dessaisir en faveur des femmes, lorsqu'elles sont un peu âgées. J'avais conseillé à ma sœur de charger Antonia d'aller présenter ses demandes ; mais elle a rejeté mon conseil. Elle est si obstinée ! Antonia, avec sa jolie petite figure, aurait pu obtenir tout ce qu'elle aurait demandé ».

« Et pourquoi, dit Don Christoval d'un ton ironiquement passionné, s'il faut une

jolie figure , votre sœur n'a-t-elle pas recours á vous » ?

« Monsieur , vous me rendez confuse.
Je ne sais pas si ma sœur aurait pu songer á cet expédient ; mais quant á moi je
connais le danger de pareilles commissions;
et je n'oserais jamais m'exposer.... Les
hommes sont aujourd'hui si méchans ».

« Vous avez donc , Madame , une grande
aversion pour les hommes » ?

« Monsieur , jusqu'á présent je n'ai pas
lieu.... ».

« Mais s'il arrivait qu'à présent un jeune
homme aimable vous proposât , par exemple , le mariage , auriez-vous la cruauté
de rejeter ses offres » ?

« Un jeune homme aimable ? Je verrais
alors, Monsieur, ce que j'aurais à faire ».

En disant ces mots elle voulut jeter á
Don Christoval un regard tendre et signi-
ficatif, mais grâce á l'obliquité de ses
yeux , ce fut Lorenzo qui le reçut. Il fit
une profonde révérence en signe de re-
merciement.

« Puis-je vous demander , dit-il , le nom
du jeune seigneur , auprès duquel Donna
Elvire se propose de faire des démarches»?

« Le Marquis de Las Cisternas ».

« Cisternas ! Je le connais beaucoup. Il
n'est pas en ce moment á Madrid ; mais
on l'attend incessamment. C'est un excel-

lent jeune homme; et si l'aimable Antonia
me permet d'être auprès de lui son avo-
cat, je crois pouvoir lui rapporter d'heureuses nouvelles».

Antonia leva sur lui ses beaux yeux
bleus, et le remercia par un agréable sourire. Léonelle fit des remerciemens beaucoup plus bruyans, et accepta son offre
avec les assurances de la plus vive reconnaissance. « Mais, Antonia, pourquoi ne
parlez-vous pas, mon enfant ? Répondez
aux civilités de Monsieur. Auriez-vous la
bonté de m'expliquer, continua-t-elle en
s'adressant á Don Christoval, á quelle occasion tant de monde se trouve aujour-
d'hui rassemblé dans cette église» ?

« Ignorez-vous, Madame, que le Père
Ambrosio, Prieur de ce couvent, fait ici
un sermon tous les jeudis ? Tout Madrid
retentit de ses louanges, et comme il n'a
encore prêché que trois fois, tout le monde
accourt pour l'entendre. Quoi ! le bruit de
sa renommée n'est pas parvenu jusqu'à
vous » ?

« Hélas, Monsieur, je ne suis arrivée
que d'hier à Madrid, et nous sommes si
peu instruits á Cordoue de ce qui se passe
dans le reste du monde, que le nom d'Ambrosio n'y est pas encore parvenu ».

« Ce nom est ici dans toutes les bouches;
hommes et femmes, jeunes et vieux, n'en

parlent qu'avec enthousiasme. Nos grands
d'Espagne le comblent de présens; leurs
femmes ne veulent que lui pour confesseur;
il est connu par toute la ville sous le nom
de *l'homme de Dieu.*

Il est sans doute, Monsieur, d'une illus-
tre origine, dit Léonelle » ?

« C'est ce qu'on ne sait point. Le dernier
Prieur des Dominicains le trouva, comme
il était encore enfant, à la porte de son
couvent. On fit d'inutiles recherches pour
découvrir qui l'avait laissé là; il a été élevé
dans le monastère. On a remarqué en lui
dès son enfance beaucoup de goût pour
l'étude et la vie retirée, et aussitôt qu'il a
été en âge, il a prononcé ses vœux. Personne depuis n'est venu le réclamer, et l'on
ignore encore le secret de sa naissance.
Les Moines, charmés d'entretenir le crédit
que donnent à leur couvent les talens de cet
homme, n'ont pas hésité á publier que c'est
un présent qui leur a été fait par la Sainte
Vierge. Il faut avouer que la singulière
austérité de sa vie donne à cette fable un
air de probabilité. Il est á présent âgé
d'une trentaine d'années. Toutes les heures de sa jeunesse ont été consacrées á l'é-
tude, dans un isolement absolu de la société, et dans de continuelles mortifications. Nommé Prieur de sa communauté
il y a environ trois semaines, il n'avait ja-

mais franchi les murs de son couvent, il
ne les franchit même á présent, que pour
se rendre á la chaire de cette église, où
tout Madrid accourt, comme vous voyez,
pour l'entendre. On le dit fort savant et
fort éloquent. Il n'a pas dans tout le cours
de sa vie transgressé un seul des régle-
mens de son ordre ; on n'aperçoit pas la
plus légère tache sur son caractère, et quant
à son vœu de chasteté, on assure, Madame, qu'il ne sait pas même quelle différence il y a entre un homme et une femme ; aussi est-il regardé comme un saint
par le commun peuple ».

« Si l'on est saint á ce prix, dit Antonia,
je puis bien me flatter aussi d'être une
sainte ».

« Miséricorde ! s'écria Léonelle; de quelle
question vous occupez-vous là, ma nièce ?
Ces sortes de sujets ne sont point de la
compétence d'une jeune personne. Ne devez-vous pas ignorer qu'il existe dans le
monde ce qu'on appelle des hommes ? Ne
devez-vous pas imaginer que tout le monde
est du même sexe que vous? Toute la différence est que les uns ont de la barbe, et
que les autres n'en ont point; ceux-ci, la
gorge rebondie, ceux-là.... »

Léonelle eût probablement continué
d'instruire sa petite nièce par le moyen de
ces ingénieuses distinctions, si un mur-

mure de contentement, qui se répandit en
ce moment par toute l'église, n'eût annoncé
l'arrivée du Prédicateur. Donna Léonelle
se leva de dessus sa chaise pour le mieux
voir, et Antonia imita son exemple.

Le Prédicateur était un fort bel homme;
sa figure était extrêmement agréable, sa
taille haute et son aspect imposant. Un
nez aquilin, un œil noir et brillant, d'é-
pais sourcils fort rapprochés, étaient les
traits les plus remarquables de sa physionomie. Ses cheveux étaient d'un brun
clair. Quoiqu'il ne fût encore qu'à la fleur
de l'âge, l'étude et les veilles avaient presque totalement décoloré ses joues. Son
front serein paraissait être le siège de la
candeur et de la vertu. Tous ses traits
exprimaient le contentement intérieur
d'une ame également exempte de soins et
de crimes, il salua l'auditoire d'un air
fort humble. On remarquait encore dans
son regard vif et pénétrant une sorte de
sévérité qui commandait la vénération, et
dont peu de personnes pouvaient soutenir
l'aspect. Tel était Ambrosio, Prieur des
Dominicains, et surnommé *l'homme de
Dieu*.

Antonia sentit en le voyant un plaisir
inexprimable. Elle attendait impatiem-
ment que le moine vînt à parler, et quand
il parla, le son de sa voix pénétra jusqu'au

cœur de la jeune fille. Les autres auditeur, quoique moins vivement émus, n'entendirent point le Prédicateur sans intérêts. Tous étaient attentifs, et le plus profond silence régnait jusques dans les chapelles les plus reculées. Lorenzo lui-même ne put résister au charme ; il oublia qu'Antonia était assise auprès de lui, et n'eut d'attention que pour le Prédicateur.

Ambrosio développa en termes clairs, simples et énergiques, les beautés de la religion. Il expliqua, avec autant de clarté que de précision, quelques articles obscurs des Saintes Écritures. Il déclama contre les vices de l'humanité ; dépeignit les chatimens qui leur étaient réservés dans l'autre monde ; et sa voix alors, tout á la fois distincte et profonde, devint terrible comme celle de la tempête. Pas un seul auditeur qui ne fît, en frémissant, un retour sur sa vie passée. Chacun crut entendre rouler le tonnerre sur sa tête et voir sous ses pieds l'abîme de l'éternité. Mais lorsque, par une brusque transition, Ambrosio vint á peindre la douce sérénité d'une conscience pure, les récompenses promises aux ames vertueuses, l'auditoire reprit insensiblement courage ; on vit reparaître sur tous les visages l'espoir et la confiance en la miséricorde infinie de Dieu. On attendait avec impatience chaque parole consolante qui sortait de la bouche du Prédicateur , et bientôt , en écoutant sa voix mélodieuse, chacun se crut transporté dans ces heureuses régions qu'il dépeignait à l'imagination avec des couleurs si vives et si brillantes.

Quoique le sermon eût été fort long , il ne se trouva personne qui ne regrettât d'en entendre déjà la péroraison. Après que le Moine eut cessé de parler, on gardait encore le silence ; mais le charme venant insensiblement á se rompre , l'admiration générale éclata ; on se porta en foule autour de la chaire comme il en sortait ; on le complimenta , on le combla de bénédictions, on se jeta á ses pieds, on baisa respectueusement le bas de sa robe. Le saint homme traversa la foule , lentement et les mains croisées sur sa poitrine , jusqu'á la porte qui conduisait de l'église à son couvent. Après avoir monté quelques marches , se tournant vers ceux qui le suivaient , il leur adressa quelques mots de reconnaissance et d'exhortation. Tandis qu'il parlait, il laissa tomber, comme par hasard , le rosaire qu'il tenait en sa main. La multitude s'en saisit, et chacun s'efforça d'en avoir un grain , pour le conserver comme une précieuse relique. On ne se serait pas disputé plus vivement le chapelet du grand Saint Dominique. Souriant de voir leur empressement., le religieux leur donna sa bénédiction et les quitta. L'humilité la plus profonde se peignait en ce moment dans tous ses traits. — Etait-elle aussi dans son cœur ?

Antonia le suivit des yeux tant qu'il lui fut possible. Il lui sembla , quand la porte se referma sur lui , qu'elle venait de perdre un objet essentiel á son bonheur , et ses yeux, á son insu, se mouillèrent de larmes.

« Il est totalement séparé du monde, dit-elle tout bas, peut-être ne le verrai-je plus»?

Comme elle portait son mouchoir á ses yeux, Lorenzo observa son attendrissement.

« Etes-vous contente, lui dit-il , de notre Prédicateur, et pensez-vous que l'on se soit fait á Madrid une trop haute idée de ses talens » ?

Le cœur d'Antonia était rempli d'admiration pour *l'homme de Dieu*; elle se trouvait disposée á parler de lui. Lorenzo d'ailleurs n'était plus pour elle un inconnu.

« Oh ! cet homme , répondit-elle, a surpassé toutes mes espérances. Je n'avais encore aucune idée du pouvoir de l'éloquence; mais dès qu'il a parlé, sa voix m'a inspiré tant d'intérêt , tant d'estime , je pourrais même dire d'affection, que je suis moi-même étonnée de la vivacité de mes sentimens ».

« Vous êtes jeune , reprit Lorenzo en

souriant; il est naturel que votre cœur sente vivement ces premières impressions; que, simple et sans artifices comme vous paraissez l'être, vous ne soupçonniez point les autres de dissimulation, et que, ne voyant le monde qu'à travers le prisme de votre propre innocence, tout ce qui vous environne vous paraisse digne de votre estime ; mais il faut vous attendre á voir se dissiper ces séduisantes illusions ; à découvrir dans ceux qui excitent le plus votre admiration des sentimens quelquefois avilissans ; á trouver même des ennemis dans ceux qui vous montrent le plus de bienveillance ».

« Hélas ! Monsieur, répondit Antonia, les infortunes de mes parens ne me fournissent que trop d'exemples de fausseté et de perfidie ; cependant je ne puis croire que le trait de sympathie qui me porte involontairement vers ce digne religieux, doive m'inspirer des craintes pour l'avenir».

« Je ne le crois pas plus que vous. Le Père Ambrosio jouit d'une excellente réputation. Un homme d'ailleurs qui a passé toute sa vie entre les murs d'un couvent ne peut avoir trouvé l'occasion de mal faire, quand même il en aurait eu la volonté ; mais à présent que, par les devoirs de son état, il va se trouver obligé de sortir de temps en temps de sa retraite, de voir un peu le monde, qui lui est encore inconnu, il faut voir comment il soutiendra cette épreuve ».

« Oh ! j'espère qu'il la soutiendra glorieusement ».

« Je l'espère aussi, Mademoiselle ; et l'intérêt que vous prenez á ses succès, s'il en était instruit, serait sans doute pour lui un grand motif d'encouragement. Tout annonce d'ailleurs qu'il est né pour faire exception á la règle générale, et l'envie chercherait en vain á noircir son caractère».

« Vous me faites, Monsieur, beaucoup de plaisir en me donnant cette assurance. Je suis charmée de pouvoir me livrer sans crainte au penchant qu'il m'inspire, et j'aurais été bien fâchée, si vous m'eussiez conseillé de résister á ce sentiment. Ma tante, Monsieur dit que le Père Ambrosio est un homme irréprochable ; engagez, je vous prie, maman á le choisir pour notre confesseur ».

« Pour notre confesseur, reprit Léonelle ? c'est ce que je ne ferai point, soyez-en sûre. Je ne l'aime point, moi, votre Père Ambrosio ; il a l'air trop sévère: son regard me fait trembler de la tête aux pieds. S'il était mon confesseur, je n'aurais pas le courage, en vérité, de tout lui dire ; et alors, bon Dieu ! où en serions-nous? Le tableau qu'il nous a fait de l'enfer m'a causé une si grande frayeur, que je n'en reviens point ; et quand il a parlé des pêcheurs, j'ai cru qu'il allait tous nous manger ».

« Vous avez raison, Segnora, reprit Don Christoval ; un excès de sévérité est, dit-on, le seul défaut d'Ambrosio. J'ai ouï dire que dans l'administration intérieure de son couvent, il a déjà donné, á l'égard des autres religieux, quelques preuves de l'inflexibilité de son caractère. Mais, la foule commence à se dissiper. Voulez-vous nous permettre, Mesdames, de vous accompagner jusqu'à votre demeure » ?

« O ciel ! s'écria Léonelle en faisant semblant de rougir ; je ne voudrais pas, Monsieur, pour tout au monde, souffrir que vous prissiez tant de peine. Ma sœur est si scrupuleuse, qu'elle me ferait une grande heure de réprimande, si elle me voyait rentrer accompagnée par un cavalier inconnu. D'ailleurs je désirerais, Monsieur, que vous voulussiez bien différer encore quelque temps vos propositions.... ».

« Mes propositions ? Je vous assure, Segnora.... ».

« Oui, Monsieur, je veux bien croire que votre empressement est sincère, et je sens quelle peut être votre impatience ; mais réellement je désire que vous me donniez un peu de répit. Ce serait de ma part un procédé peu délicat, que d'accepter, dès la première entrevue, l'offre de votre main».

« Madame, je vous donne ma parole d'honneur.... ».

« Allons, Monsieur, ne me pressez pas, si vous m'aimez. Je regarderai votre condescendance pour mes volontés comme une preuve de votre amour. Vous recevrez demain matin de mes nouvelles ; c'est tout ce que je puis vous accorder aujourd'hui. Adieu. Mais je voudrais, Messieurs, savoir le nom de l'un et de l'autre ».

« Mon ami, répondit Lorenzo, est le Comte d'Ossorio ; et moi, l'on me nomme Lorenzo de Médina ».

« Don Lorenzo, j'informerai ma sœur de vos offres obligeantes, et vous ferai connaître le résultat de notre conversation. Où puis-je vous adresser une lettre » ?

« Au palais de Médina ; c'est le lieu de ma résidence ».

« Il suffit. Adieu, Messieurs ; et vous, Monsieur le Comte, modérez, je vous prie, l'excessive ardeur de votre passion. Cependant, pour vous prouver qu'elle ne me déplaît point, et que mon intention n'est pas de vous désespérer, recevez cette marque de mon affection, et pensez quelquefois á Léonelle ».

En disant ces mots, elle lui tendit une main sèche et ridée, que Don Christoval

baisa ; mais ce fut de si mauvaise grâce ,
et avec une répugnance si marquée, que
Lorenzo eut toutes les peines du monde à ne
pas éclater de rire, Léonelle alors se hâta
de sortir de l'église : l'aimable Antonia la
suivit en silence. Quand elle fut arrivée
au portail , elle tourna involontairement la
tête , et ses regards se portèrent vers Lorenzo. Celui-ci , qui ne la perdait pas de
vue , lui fit un grand salut , montrant,
par quelques signes , qu'il regrettait de la
quitter ; elle lui rendit le salut, et se retira promptement.

« Ainsi , dit Christoval à son ami lorsqu'ils furent seuls , vous m'avez procuré
une charmante intrigue ! Pour favoriser
vos desseins sur Antonia , j'ai fait obli-
geamment quelques honnêtetés á la tante,
et après une heure au plus , je me trouve
à deux doigts du mariage. Comment me
récompenserez-vous, mon cher, de ce que
j'ai souffert pour vous servir ; d'avoir pu
baiser , en votre nom , la main de cette
vieille sorcière? Depuis ce moment-là j'ai
un goût d'ail tout autour des lèvres ,
je ne sais quelle odeur de cuisine ; je suis
sûr qu'au Prado l'on me prendra pour une
omelette ambulante ».

« J'avoue , mon cher Comte , que vous
vous êtes trouvé dans une situation assez
périlleuse ; cependant je suis si éloigné de la

3.

croire insupportable , que je vous prierai probablement de ne pas négliger les dons qu'un heureux hasard vient de vous offrir».

« Un heureux hasard ! Je vois , mon cher , que vous en tenez déjà pour la petite Antonia ».

« Je ne puis vous exprimer combien elle m'a paru charmante. Depuis la mort de mon père , mon oncle , le duc de Médina, m'a fait connaître qu'il désirait de me voir marié. J'ai jusqu'à présent évité de remplir ses vues, et feint de ne point les comprendre ; mais , á vous dire vrai , depuis que j'ai vu cette aimable enfant.... ».

« J'imagine, Lorenzo , que vous ne serez pas assez fou pour vouloir faire votre femme de la petite fille du très-honnête cordonnier de Cordoue » ?

« Arrêtez , Christoval , vous oubliez qu'elle est aussi petite-fille du feu Marquis de Las Cisternas ; mais sans disputer sur la naissance et sur les titres , je puis vous assurer que jamais femme ne m'a aussi vivement intéressé ».

« Cela est possible: vous ne pouvez cependant songer à l'épouser ».

« Et pourquoi donc , mon cher Comte, Je suis assez riche pour elle et pour moi, et vous savez que sur cet article , mon oncle a une façon de penser fort au-dessus du vulgaire. D'après ce que j'ai vu de Ray-

mond de Las Cisternas, je suis bien assuré
qu'il s'empressera de reconnaître Antonia
pour sa nièce; sa naissance ne pourra donc
être un obstacle á l'accomplissement de
mes vœux. Je pourrai, sans inconvenance,
lui faire ouvertement l'offre de ma main.
Chercher à l'obtenir á d'autres conditions,
c'est ce que je suis incapable de faire. J'a-
voue que je vois en elle tout ce qui peut me
rendre heureux dans la possession d'une
femme. Elle est jeune, douce, aimable,
sensible, et je suis bien assuré qu'elle a
de l'esprit ».

« Comment le savez-vous? elle ne dit
point autre chose que : Oui et Non ».

« Il est vrai; mais vous m'avouerez aussi
qu'elle dit toujours : Oui et Non, fort á
propos. D'ailleurs, mon ami, ne voyez-
vous pas que tout parle en elle, ses yeux,
son embarras, sa modestie, sa candeur...»?

« Oh oui, je n'y songeais pas ; je vois
que vous avez raison. Voulez-vous que
nous nous donnions rendez-vous ce soir à
la comédie? nous pourrons parler de tout
cela plus á notre aise».

« Cela ne m'est pas possible aujourd'hui;
je ne suis arrivé que d'hier au soir á Madrid, et je n'ai encore pu voir ma sœur.
Vous savez que son couvent est dans cette
rue, et j'y allais, lorsque, voyant la foule
se porter á cette église, j'y suis entré par

3..

curiosité. Je vais suivre ma première intention, et probablement je passerai la soirée au parloir ».

« Votre sœur est dans un cøuvent, dites-vous? mais en effet, je l'avais oublié. L'aimable Donna Agnès ! Je suis vraiment étonné, Don Lorenzo , que vous ayez pu consentir à claquemurer une si charmante fille dans la triste enceinte d'un cloître ».

« Moi , Don Christoval, pouvez-vous me soupçonner d'une semblable barbarie? Vous devez vous rappeler qu'elle a pris le voile volontairement; qu'elle-même a désiré, je ne sais d'après quelles particularités , se séparer du monde. J'ai tout fait pour la détourner de cette résolution ; mes tentatives ont été vaines, et j'ai perdu ma sœur ».

« Oh ! vous avez de quoi vous consoler, Lorenzo. Il revenait, si j'ai bonne mémoire, à Donna Agnès une portion d'héritages de dix mille piastres , dont la moitié rentre ainsi dans vos mains. Par Saint Jago ! je voudrais avoir cinquantes sœurs pareilles, je consentirais de tout mon cœur á les perdre au même prix ».

« Quoi ! reprit Lorenzo d'un air irrité, me soupçonneriez-vous assez vil pour avoir pu influencer les résolutions de ma sœur? Pensez-vous que la déshonorante intention de me rendre maître de sa fortune.... » ?

« Adieu, adieu, Don Lorenzo. Vous

voilá déjà tout en feu , prêt á vous fâcher pour un mot. Puisse l'aimable Antonia adoucir cet excès de susceptibilité ! autrement il faudrait avoir à chaque instant l'épée á la main. Pour prévenir une tragique catastrophe , je vous quitte. Adieu, modérez ces dispositions inflammables , et ressouvenez-vous , quand il s'agira , pour vous obliger , de faire l'amour á quelque vieille femme , que vous pouvez compter sur mes services ».

En disant ces mots , il sortit précipitamment de l'église.

« Que cet homme , dit en lui-même Lorenzo , a été mal élevé ! Est-il possible qu'avec un excellent cœur , Christoval ait un jugement si peu solide » ?

La journée était alors fort avancée. Cependant les lampes de l'église n'étaient point encore allumées. Les faibles lueurs du crépuscule perçaient avec peine la gothique obscurité de ce vaste édifice. Entraîné par ses réflexions , occupé d'Antonia , dont l'absence lui était déjà pénible ; de sa sœur , dont les propos de Christoval lui retraçaient le douloureux sacrifice, Lorenzo se livra á une foule d'idées mélancoliques , que nourrissait encore l'aspect religieux des objets dont il était environné. Toujours appuyé contre le septième pilier, il respirait avec une sorte de volupté l'air

frais qui circulait entre les longues co-
lonnades. Bientôt les rayons de la lune,
passant á travers les vitraux, teignirent
de mille diverses couleurs les voûtes et les
énormes pilastres qui soutenaient la cou-
pole. Le profond silence qui régnait en ce
lieu, n'était interrompu que par le bruit
de quelques portes que l'on fermait dans
le couvent des Dominicains. Lorenzo s'assit sur une chaise qui se trouvait près de
lui, et s'abandonna à ses rêveries. Antonia
était le principal objet de ses pensées ; il
songeait aux obstacles qui pourraient traverser leur union ; aux moyens qu'il em-
ploierait pour les surmonter. Naturellement méditatif, la tristesse même de ses
réflexions n'était pas pour lui sans quelque
douceur. Il s'endormit, et bientôt des rêves analogues á sa situation, vinrent présenter à son imagination des scènes plus
vives.

Lorenzo rêva qu'il venait d'être transporté tout-à-coup au lieu même où il se
trouvait réellement, c'est-á-dire, dans
l'église des Dominicains ; mais ce lieu
n'était plus si sombre ni solitaire. Un grand
nombre de lampes d'argent éclairait la
nef et les ailes de l'église, que remplissaient
également la voix mélodieuse de l'orgue,
et le chant religieux du chœur. L'autel
était décoré comme aux fêtes les plus so-

lennelles, et entouré de la plus brillante compagnie. Au pied de l'autel était Antonia, parée de la robe nuptiale ; et de tous les charmes de la modestie virginale.

Partagé entre l'espoir et la crainte, Lorenzo considérait attentivement ce spectacle. Aussitôt une porte s'ouvre, et il voit entrer, suivi d'un grand nombre de Moines du même ordre, le prédicateur qu'il avait écouté avec tant d'admiration. Ambrosio s'approche d'Antonia : « Je ne vois point, dit-il, votre futur époux; où est-il? »

Antonia regarde tout autour de l'église. Lorenzo fait involontairement quelques pas en avant ; elle l'aperçoit, rougit, et lui fait signe d'approcher. Le jeune homme court se jeter á ses pieds. Après l'avoir considéré quelques instans: « Oui, s'écria-t-elle, oui, voilá l'époux qui m'est destiné ».

En disant ces mots, elle est prête á se jeter dans ses bras ; mais, avant qu'il puisse la recevoir, un inconnu se précipite entre eux. Sa forme gigantesque, son teint basané, ses yeux ardens et terribles ; sa bouche vomit des torrens de feu, et sur son front est écrit en caractères lisibles: *Orgueil, luxure, inhumanité.*

Antonia pousse un cri perçant. Le monstre la prend dans ses bras, et sautant avec elle sur l'autel, la tourmente de ses odieuses

caresses; elle fait de vains efforts pour se
soustraire á ses embrassemens. Lorenzo
vole à son secours; mais en ce moment un
grand coup de tonnerre se fait entendre.
L'église paraît s'écrouler; les moines prennent la fuite ; les lampes s'éteignent; l'autel s'engloutit, et l'on voit á sa place un
gouffre, d'où sortent des tourbillons de
flamme et de fumée. Le monstre, en poussant un cri effroyable, s'y plonge, et cherche á entraîner la jeune fille avec lui ;
mais animée d'une vertu surnaturelle, elle
se dégage de ses bras, lui laissant sa robe
nuptiale. Un nuage brillant paraît et l'en-
lève, tandis que, les bras étendus vers
Lorenzo, elle lui crie : « Nous nous re-
verrons, ami, dans un autre séjour ».
L'église alors retentit du son de mille voix
harmonieuses ; le nuage perce la voûte, et
va se perdre dans l'immensité du ciel.

Fatigué de la suivre des yeux, Lorenzo
se trouva, á son reveil, étendu sur le pavé
de l'église. Les lampes étaient alors allumées ; et comme il entendait dans le loin-
tain quelques voix qui psalmodiaient, i
eut beaucoup de peine á se persuader qu
ce qu'il avait vu n'était qu'un songe. Ce
pendant, mieux éveillé, il reconnut so
erreur. Les lampes de l'église avaient él
allumées durant son sommeil, et les chant
qu'il entendait étaient ceux des Moines

qui recitaient leur office au petit chœur.

Lorenzo, totalement remis, se leva dans l'intention de se rendre au couvent de sa sœur; mais avant qu'il eût atteint le portail, il fut étonné de voir entrer dans l'église un homme enveloppé dans un manteau, et qui, se glissant furtivement le long du mur, paraissait prendre beaucoup de précautions pour n'être point aperçu. Cet air de mystère, ces précautions mêmes, excitèrent la curiosité de Lorenzo. « Je m'en vais, disait-il; il ne convient point d'épier les secrets d'autrui ». Et tout en se faisant à lui-même cette leçon, il ne s'en allait point, et se cachait derrière une colonne pour observer ce que ferait l'inconnu.

Celui-ci continua d'avancer en marchant sur le bout du pied. A la fin Lorenzo le vit tirer de sa poche une lettre, et la placer, avec beaucoup de promptitude, au bas du piédestal d'une statue colossale de Saint Dominique, qui se trouvait sur un des côtés de la nef. Se retirant alors précipitamment, il alla se cacher dans le lieu le plus obscur de l'église, à une assez grande distance de la statue.

« Voici, dit en lui-même Lorenzo, si je ne me trompe, quelque intrigue amoureuse. Ne prévoyant pas que je puisse être d'aucune utilité á ces pauvres amans, je ferai aussi bien de m'en aller ».

Ce n'est pas qu'auparavant il eût songé à être utile ; mais c'était une manière adroite d'excuser á ses propres yeux son indiscrète curiosité. Il se disposa donc pour la seconde fois á sortir de l'église, et déjá il avait gagné le portail. Mais il était pparemment écrit dans le ciel qu'il ne erait point ce soir-là de visite à sa sœur. n descendant quelques marches pour se rendre dans la rue, une personne qui les montait, le heurta avec tant de violence, ue tous les deux furent presque renversés du coup. Lorenzo, mit l'épée á la main.

« A quel propos, Monsieur, venez-vous vous jeter sur moi si rudement » ?

« Ah! c'est vous, Médina, dit l'autre, u'à sa voix Lorenzo reconnut bientôt pour être Don Christoval ; félicitez-vous, mon cher, de n'avoir pas encore quitté l'église. ntrons, entrons ; elles vont venir toutes, et nous les verrons ».

« Elles vont venir ! Et qui donc » ?

« La vieille poule et ses petits poulets ; tout est en chemin. Rentrons, vous dis-je, et je vais vous expliquer tout cela ».

Ils rentrèrent l'un et l'autre dans l'église ; et allèrent se cacher précisément derrière la statue de Saint Dominique.

« A présent, dit Lorenzo, puis-je prendre la liberté de vous demander ce que signifient cette grande précipitation, ces transports » ?

« Une aventure délicieuse. L'Abbesse de
Sainte-Claire et tout son jeune troupeau,
sont en chemin pour se rendre ici. Vous
devez savoir que le très-dévôt Ambrosio a
fait vœu, ce dont le ciel soit loué, de ne
jamais sortir des murs de son couvent. Cependant tous nos couvens de femmes les
plus distingués le veulent pour confesseur.
Les Religieuses sont donc obligées de se
rendre elles-mêmes aux Dominicains; car
il faut bien, si la montagne ne veut pas s'approcher de Mahomet, que Mahomet s'approche de la montagne. Mais pour échapper aux regards indiscrets des curieux,
tels que vous et moi, la Prieure de Sainte-
Claire ne mène ses Religieuses á confesse
que la nuit. Elles vont être introduites par
une petite porte particulière qui donne
dans la chapelle de la Vierge, et que vous
voyez d'ici. De-lá, elles se rendront dans
cette autre chapelle, où se trouve le confessionnal d'Ambrosio. Là vieille portière
de Sainte-Claire, qui m'honore d'une amitié spéciale, vient de m'assurer qu'elles al-
laient arriver dans l'espace de quelques
minutes. N'est-ce point-lá une bonne aventure pour vous, monsieur l'amoureux?
Nous allons voir quelques-uns des plus jo-
lis minois qui soient dans Madrid ».

« Vous allez voir, Christoval, que vous

ne verrez rien; car les Religieuses de Sainte-Claire sont toujours voilées ».

« Excepté, mon cher Médina, quand elles entrent dans une église ; alors elles ôtent leur voile par respect pour la sainteté du lieu ; et l'église est en ce moment assez éclairée, pour que nous puissions les voir bien distinctement. Croyez que je suis mieux instruit que vous. Silence, les voici. Voyez vous-même, et soyez convaincu ».

« Fort bien, dit en lui-même Lorenzo, je découvrirai peut-être á qui s'adressent les vœux de ce mystérieux étranger ».

Don Christoval avait á peine cessé de parler, lorsque l'Abbesse de Sainte-Claire parut, suivie d'une longue file de Religieuses. Toutes en entrant levèrent leur voile. L'Abbesse traversa la nef les mains croisées sur sa poitrine, et fit une grande révérence comme elle passait devant la statue de Saint Dominique, patron de cette église. Les autres Nonnes l'imitèrent, et plusieurs passèrent sans satisfaire la curiosité de Lorenzo. Il commençait à désespérer de voir ses doutes éclaircis, lorsqu'une jeune Religieuse qui se trouvait dans les derniers rangs, en se prosternant devant Saint Dominique, feignit de laisser tomber son rosaire ; mais en le ramassant, elle tira avec beaucoup de dextérité la lettre de dessous le pied de la statue, la cacha dans son sein, et reprit son rang á la procession.

« Elle est jolie, dit tout bas Christoval, qui, á l'aide d'un rayon de lumière, avait pu voir son visage, et je suis bien surpris s'il n'y a pas ici quelque amourette sous jeu ».

« C'est Agnès, par le ciel, s'écria Lorenzo ».

« Quoi ! votre sœur ? Ah diable ! l'affaire devient plus grave que je ne l'imaginais ».

« Une intrigue clandestine avec ma sœur ! J'espère que quelqu'un va m'en faire raison à l'instant même ».

L'honneur espagnol ne pardonne point une offense de cette nature. Toute la procession était entrée dans la chapelle du confessionnal; l'inconnu, sortant alors du lieu où il s'était tenu caché, gagnait promptement le portail; mais avant qu'il pût l'atteindre, il se sentit arrêté par Médina, qui s'était posté sur son passage : il fit un pas en arrière, en enfonçant son chapeau sur ses yeux.

« Ne cherchez pas à m'éviter, s'écria Lorenzo ; je veux savoir qui vous êtes, et quel est le contenu de cette lettre ».

« Le contenu, reprit l'inconnu ; et de quel droit me faites-vous cette question » ?

« Je vous le dirai une autre fois. En ce moment, répondez á mes demandes, ou mettez-vous en garde ».

4.

« J'aime mieux accepter votre dernière proposition, dit l'autre. Allons, Monsieur, je suis en garde ».

Tous les deux avaient en effet mis l'épée à la main, et Lorenzo attaquait en furieux. Mais Christoval, qui était plus de sang-froid, se précipita entre eux et les sépara, en s'écriant :

« Arrêtez, Médina, arrêtez. Y songez-vous ? Est-ce ici le lieu de vider votre querelle ? Voulez-vous donc vous battre dans une église » ?

L'inconnu resserra son épée.

« Médina, dit-il du ton de la surprise. Grand Dieu ! est-il possible ? Auriez-vous, Lorenzo, totalement oublié Raymond de Las Cisternas » ?

Lorenzo, également surpris, avait peine à reconnaître son ami, et dans l'incertitude, refusait de lui donner la main. Il le reconnut enfin.

« Quoi ! Marquis, dit-il, vous à Madrid ! Que veut dire tout ceci ? Comment se fait-il que vous vous trouviez engagé dans une correspondance clandestine avec ma sœur, dont les affections.... » ?

« — Se sont depuis long-temps déclarées en ma faveur, reprit Raymond en l'interrompant. Mais ce lieu-ci n'est pas convenable pour une explication. Veuillez, Lorenzo, m'accompagner à mon hôtel, et là

je vous raconterai toutes mes aventures.
Quelle est la personne qui vous accom-
pagne » ?

« Un homme , répondit Christoval , que
vous vous rappellerez peut-être d'avoir vu
autrefois , mais ailleurs qu'á l'église ».

« C'est , je crois , le Comte d'Ossorio ».

« Précisément , Marquis ».

« Vous pouvez nous accompagner, Don
Christoval ; je suis tout disposé á vous
mettre dans la confidence , bien assuré de
votre discrétion ».

« Vous avez de moi trop bonne opinion;
mais j'évite autant que je puis de me charger d'une confidence. Allez donc sans façon de votre côté , et je vais aller du
mien. Veuillez seulement me dire votre
demeure ».

« Comme de coutume ; á l'hôtel de Las
Cisternas ; mais ressouvenez-vous que je
suis á Madrid incognito , et que , si vous
désirez me voir, vous devez me demander
sous le nom d'Alphonso d'Alvarada ».

« Fort bien. Adieu, Messieurs » , dit ,
en les quittant, Don Christoval.

« Alphonso d'Alvarada, reprit d'un air
étonné Lorenzo ; quoi ! Marquis, vous
portez ee nom » ?

« Oui, Lorenzo , et vous avez raison
d'en être surpris; mais si votre sœur ne
vous a rien appris de ses aventures et des

miennes, j'ai á vous raconter des choses qui vous surprendront encore davantage. Venez donc á mon hôtel à l'instant même».

Les Religieuses devant retourner á leur couvent par la porte de la chapelle, le portier des Dominicains se disposa á fermer les autres pour la nuit ; Raymond et Lorenzo se retirèrent, et prirent le chemin du palais de Las Cisternas.

———

« Hé bien ! Antonia, dit la tante aussitôt qu'elle fut sortie de l'église ; que pensez-vous de ces deux cavaliers ? Don Lorenzo me paraît être réellement un jeune homme fort obligeant. Il a eu pour vous beaucoup d'attentions, et l'on ne sait pas ce que cela peut devenir. Quant à Don Christoval, c'est, je vous assure, un phénix en politesse. Il est galant, bien élevé, sensible, pathétique. J'avoue que si quelqu'un pouvait me faire enfreindre le vœu que j'ai fait de vivre fille, ce serait Don Christoval. Vous voyez, ma nièce, que tout arrive exactement comme je l'avais prévu. Dès l'instant que je parais á Madrid, voyez comme je suis entourée d'admirateurs. Lorsque j'ai levé mon voile, avez-vous remarqué, Antonia, quel effet cette vue a produit sur le jeune Comte ; et quand je lui ai présenté ma main, avez-vous

observé avec quelle ardeur il l'a baisée ?
Si jamais il exista au monde un amour
réel, c'est celui que j'ai pu lire alors dans
tous les traits de Don Christoval ».

Antonia n'avait pas jugé que Christoval
fût aussi amoureux qu'il plaisait à sa tante
de le croire ; cependant elle eut la discrétion de ne la point détromper. Comme
l'histoire, soit ancienne, soit moderne,
ne fournit aucun exemple d'une semblable méprise de la part d'une femme, nous
avons cru ce trait digne d'être ici consi-
gné dans nos annales.

La vieille dame continua donc à bercer
sa vanité des plus douces illusions. Comme
elles entraient dans la rue de Saint-Jago,
où était leur logement, elles furent éton-
nées de voir un grouppe de monde rassemblé précisément en face de leur porte.
Après avoir essayé vainement d'entrer,
elles se placèrent sur le côté opposé de la
rue. Bientôt elles virent le groupe se former en cercle, et aperçurent au milieu
une femme d'une grandeur extraordinaire,
qui tournait fort rapidement sur ses talons
avec des gestes frénétiques. Sa robe était
composée de pièces de diverses couleurs
tant en soie qu'en laine, arrangées cependant avec une sorte de symétrie. Sa tête
était couverte d'une espèce de turban,
orné de feuilles de vigne et de fleurs des

champs. Son visage était hâlé par le soleil
et son teint olivâtre. Elle avait les yeux
effarés et portait à sa main un long bâton
de bois noir, avec lequel elle traçait sur
la terre des figures bizarres ; ensuite elle
se mettait à danser avec tous les symptômes
du délire et de la folie. Sa danse finie, elle
tourna de nouveau sur elle-même, et après
quelques instans, chanta la ballade suivante :

## LA BOHÉMIENNE.

Qui veut rire, qui veut pleurer ?
   Qu'on m'écoute en silence.
Venez tous, venez admirer
   Ma profonde science.
Jeunes garçons, venez savoir
   Votre bonne aventure ;
Fillettes, je vous ferai voir
   Vos maris en peinture.

Premier ministre du destin,
   Je commande aux orages.
J'habite du soir au matin
   Le sommet des nuages.
A ma voix Phébé tour-à-tour
   Pâlit ou se colore.
Et je préside chaque jour
   Au lever de l'Aurore.

Vous qu'Amour a blessé d'un trait,
   Venez à ma boutique,
Je possède l'heureux secret
   Du charme sympathique.
Des tendres caprices du cœur
   Je préserve une belle ;

D'un mari j'assure l'honneur.
La recette est nouvelle.

Pour fixer l'éclat du printemps
   Sur un joli visage ,
Je sais, quand il me plaît, du temps
   Arrêter le ravage.
Je sais réparer , rajeunir,
   Changer la brune en blonde.
Et pour lire dans l'avenir
   Je suis la seule au monde.

« Ma chère tante, dit Antonia quand la bohémienne eut fini , cette femme n'est-elle pas folle » ?

« Non , ma chère enfant. Elle n'est que méchante ; c'est une sorte d'aventurière dont l'unique occupation est de dire à tout venant sa bonne aventure et de voler honnêtement l'argent des sots. C'est tout simplement de la canaille. Si j'étais roi d'Espagne je ferais brûler vive chacune de ces créatures, qui, dans l'espace de trois semaines , se trouverait encore dans mon royaume ».

Léonelle prononça tout haut ces derniers mots ; ils furent entendus de la bohémienne, qui, perçant aussitôt la foule, s'avança vers les deux dames , les salua trois fois à la manière orientale, et s'adressant à Antonia : « Gentille Segnora , lui dit-elle , je suis vous prédire ce qui vous arrivera. Donnez-moi votre main ; ne craignez rien, gentille Segnora ».

« Ma chère tante, dit Antonia ; pou
cette fois seulement, voulez-vous me pe
mettre de savoir ma bonne aventure » ?

« Sottises que cela, mon enfant; ell
ne vous dira que des menteries »

« Qu'importe ? laissez-moi du moi
écouter ce qu'elle dira ; ma chère tante
je vous en prie ».

« Soit, Antonia, puisque vous avez ce
si fort á cœur. — Ecoutez, bonne femm
vous nous direz la bonne aventure á to
tes les deux. Voilá de l'argent , comm
cez par moi ».

En disant ces mots, elle ôta son gant
lui présenta sa main. La bohémienne
regarda un instant, et dit :

« Vous voulez savoir votre bonne ave
ture, ma chère Dame? Vous êtes si vieil
que je n'y sais point de remède. Cep
dant, pour gagner votre argent, je ve
vous donner quelques avis. Etonnés de
tre vanité puérile, vos amis vous ta
ront de démence ; ils s'affligeront de v
voir employer d'inutiles artifices, p
attirer á vous le cœur d'un jeune ama
Croyez-moi, ma chère Dame, vous
pouvez jamais, quoique vous fassiez, av
moins de cinquante et un ans, et les ho
mes se prennent rarement d'amour p
des yeux louches. Mettez donc de côté
rouge et le blanc qui vous plâtrent

es ; songez à votre Créateur et non pas
'amour , á vos fautes passées , et point
elles que vous voudriez commettre en-
re, et dites-vous à vous-même que la
x du temps aura bientôt moissonné le
'u de cheveux roux qui ombragent vo-
e tête ».

L'auditoire fit de grands éclats de rire,
mesure que la bohémienne prononçait
'e de ces sentences. Les cinquante et un
s, les yeux louches, le rouge et le blanc,
les cheveux roux , passèrent successive-
ent de bouche en bouche. Léonelle ,
ouffant de colère , fit á la devineresse
s reproches les plus amers. Celle-ci les
outa avec un sourire de mépris. Se
urnant ensuite vers Antonia : « A vous
aintenant, lui dit-elle ; mon aimable
fant ; donnez-moi votre main, et lais-
z-moi voir les décrets du destin ».

Antonia ôta son gant , á l'imitation de
éonelle , et présenta sa jolie main à la
rophétesse, qui , après l'avoir examinée
uelques instans avec des marques de sur-
ise et de pitié , prononça son oracle en
es termes :

« Que vois-je , grand Dieu, dans cette
ain ? Jeune, chaste, douce et belle ,
rfaite d'esprit comme de corps ; vous
ourriez faire le bonheur d'un tendre
époux. Mais , hélas ! j'aperçois lá une li-

gne de destruction. Un homme libidineux, de concert avec un rusé démon , complétera votre ruine, et chassée de ce monde par les chagrins, votre ame prendra bientôt son vol vers le ciel. Cependant, pour différer, autant qu'il est possible vos souffrances, rappelez-vous ce que je vais vous dire : « Si quelqu'un vous paraît excessivement vertueux; si vous rencontrez un homme , qui , déchaîné contre les vices dont il est peut-être exempt , ne compatit point aux faiblesses d'autrui , ressouvenez-vous de mes paroles , croyez que cet homme , en apparence si parfait, cache sous des dehors séduisans un cœur gonflé d'orgueil et de luxure ».

« Je vous quitte, aimable fille , avec les larmes aux yeux. Que ma prédiction ne vous afflige point ; soumettez-vous plutôt á votre destinée. Attendez les chagrins avec résignation, et n'aspirez qu'après le bonheur réservé dans un meilleur monde aux ames pures et innocentes ».

Après avoir dit ces mots, la bohémienne tourna encore trois fois sur elle-même, e sortit précipitamment de la rue. La port d'Elvire se trouvant alors débarrassée Léonelle entra, fort mécontente de la bohémienne , de sa nièce et de tout le peuple de Madrid ; mais toujours fort content

d'elle-même et de son charmant Christoval. Les prédictions de la devineresse
avaient aussi affecté Antonia ; mais cette
impression fut bientôt effacée , et dans
l'espace de quelques heures , elle eut totalement oublié l'aventure.

## II.

« Oh ! si vous aviez une seule fois goûté la millième
partie des plaisirs que l'on goûte quand on aime
et quand on est aimé, quel serait votre repentir !
Vous diriez en soupirant : Combien, hélas ! j'ai
perdu de temps ! Il est perdu tout le temps qui ne
ne fut pas consacré à l'amour ».

LE TASSE.

LE sermon fini, Ambrosio fut reconduit
par ses religieux jusqu'à la porte de sa cellule. Là il les congédia avec l'air d'un homme qui sent sa supériorité, c'est-à-dire
avec une apparente humilité, à travers laquelle perçait visiblement la réalité de son
orgueil.

Dès qu'il fut seul, il s'y livra sans réserve. Son cœur se gonfla en songeant à
l'enthousiasme que son discours venait d'exciter, et son imagination lui présenta les
plus brillantes perspectives. Il regardait,
d'un air triomphant, tout autour de lui :
sa vanité lui disait tout haut, qu'il était
fort au-dessus de ses confrères et même
du reste des hommes. « Quel autre, se
disait-il à lui-même, a comme moi, subi

l'épreuve rigoureuse de la jeunesse? Quel autre en est, comme moi, sorti pur et sans tache ? Quel autre a triomphé de la violence de ses passions, des mouvemens presque irrésistibles d'un tempérament ardent et impétueux ? Quel autre a eu le courage de renoncer totalement au monde et de s'en séparer pour la vie entière ? Il est bien clair que je chercherais envain mon pareil ; j'étais capable, moi seul, d'une semblable résolution. Non, la religion ne peut se vanter d'avoir un autre Ambrosio. Quel effet profond mon discours n'a-t-il pas produit sur tout l'auditoire ? Comme ils m'ont entouré à ma sortie ! Comme ils m'ont comblé d'éloges et de bénédictions en me nommant la colonne principale, la pierre angulaire de l'église! A présent que me reste-t-il á faire? Rien, si ce n'est de veiller aussi scrupuleusement sur la conduite des autres que j'ai veillé sur la mienne. Cependant, ne serait-il pas encore possible que quelque puissante tentation m'écartât tout-à-coup du droit chemin ? Ne suis-je pas un homme , et, comme tel, sujet á l'erreur, á la fragilité? Non, je me sens fort; et je puis hardiment m'exposer au danger. Je vois déjá les plus jolies femmes de Madrid accourir à mon confessionnal. Il faut bien que j'accoutume mes yeux á cette vue. Aucune ne m'offrira sûrement autant d'attraits que vous, ô mon aimable *Madone* ».

En disant ces mots, il arrêta ses regards sur une charmante image de la vierge, qu'il voyait suspendue au mur opposé de sa cellule. Il était depuis deux ans possesseur de cette jolie peinture, qui chaque jour était l'objet de son culte et de ses pieuses adorations. Il s'arrêta, la contempla avec délices.

« Cette physionomie est charmante, dit-il, rien de plus gracieux que la tournure de cette tête. Quelle douceur, mais aussi quelle majesté dans ces yeux divins ! Comme cette joue délicate repose mollement sur sa main ! La rose a moins de fraîcheur; oui, son incarnat est moins vif, et la blancheur du lys n'égale point celle de cette jolie main. Eh bien ! Ambrosio, si l'original de ce portrait existait dans le monde! s'il existait pour toi seul ! s'il t'était permis de parfiler dans tes doigts ces boucles de cheveux dorés, de presser contre te lèvres les trésors de ce sein de neige comment pourrais-tu résister á la tentation ? Ne te croirais-tu pas assez payé d trente ans de souffrance par un seul bai ser de cette bouche, et pourrais-tu t'arra cher tout-á-coup..... Insensé que je suis jusqu'où me laissais-je entraîner par un dévote admiration pour cette peinture Arrière; loin de moi toute idée impure

J'ai renoncé aux femmes pour la vie. Jamais d'ailleurs il n'exista une mortelle aussi parfaite que ce portrait. Et s'il en existait une, l'épreuve serait peut-être trop forte pour une vertu commune ; mais celle d'Ambrosio est ferme et ne craint point la tentation. Tentation, ai-je dit? Je ne serais pas même tenté. Non, cette figure qui me charme, quand je la considère comme un être idéal et d'une nature supérieure, ne m'inspirerait que du dégoût, si c'était une femme réelle, une mortelle, une faible pécheresse. Ce n'est pas la beauté féminine qui me cause cet enthousiasme ; c'est apparemment l'habileté du peintre que j'admire, ou plutôt c'est un ange, c'est la divinité que j'adore. Toute passion n'est-elle pas morte dans mon sein ? Ne me suis-je pas placé au-dessus de la fragilité humaine? Ne crains rien, Ambrosio ; prends confiance en la force de la vertu. Vois d'un œil hardi le monde qui vient á toi. Exempt des vices de l'humanité, tu peux défier toutes les subtilités des esprits des ténèbres; ils ne prévaudront jamais contre toi ».

Ici quelqu'un frappa doucement á sa porte. Profondément occupé de ses idées, Ambrosio ne répondit point. On frappa de nouveau.

« Qui est lá? dit-il á la fin.

« C'est Rosario », répondit une voix douce.                    5..

« Ah ! c'est vous ; entrez, entrez, mon fils » :
La porte s'ouvrit, et Rosario entra, portant á sa main une petite corbeille.

Rosario était un jeune novice, qui devait faire profession dans trois mois. L'existence de ce jeune homme était enveloppée d'une sorte d'obscurité, qui excitait pour lui l'intérêt et piquait la curiosité. Son goût pour la retraite, sa profonde mélancolie, son exactitude á remplir les devoirs de son état, le sacrifice volontaire qu'il faisait á Dieu de sa liberté et d'un rang distingué dans la société, tout concourait à lui concilier l'estime et l'affection de la communauté entière. Rosario paraissait craindre d'être reconnu avant qu'il eût prononcé ses vœux ; la tête constamment enveloppée dans son capuchon, il ne laissait jamais voir qu'une partie de son visage ; cependant on pouvait aisément distinguer, par le peu qu'on en voyait, qu'il était d'une jolie figure. Rosario était le seul nom sous lequel il fût connu dans le couvent. Personne ne connaissait au juste les événemens de sa vie, antérieurs á son entrée en religion. Quand on lui faisait sur cela des questions, il gardait un profond silence. Un étranger s'étant présenté au couvent dans un superbe équipage, avait engagé les Moines á recevoir le jeune homme en qualité de novice, et payé les sommes nécessaires. Le lendemain il était revenu au couvent avec Rosario, et depuis ce moment on n'avait plus entendu parler de lui.

Rosario ne se mêlait point dans la compagnie des autres religieux ; il répondait à leurs civilités , mais avec beaucoup de réserve, et montrait un goût décidé pour la solitude. Les religieux persuadés que quelques raisons , ou intérêts de famille, avaient déterminé le jeune homme á prendre l'habit monastique , le laissaient en pleine liberté suivre ses goûts. Cependant il paraissait distinguer le Prieur. Jamais il n'approchait Ambrosio qu'avec l'air de la vénération ; il recherchait même sa compagnie, et ne négligeait aucun moyen de gagner son affection. En conversant avec lui , son cœur paraissait se dilater ; on voyait même alors une sorte de gaîté se répandre sur ses manières et dans ses discours. Ambrosio , de son côté , se sentait porté á distinguer cet aimable jeune homme. Avec lui seul il se départait quelquefois de sa sévérité habituelle ; il lui parlait d'un ton plus doux qu'á tous les autres ; quelquefois même il prenait plaisir à lui donner de sages instructions. Le jeune novice écoutait ses leçons avec beaucoup de docilité. Chaque jour Ambrosio était plus charmé de la vivacité de son esprit, de la simplicité de ses manières et de la droiture de son cœur ; enfin on peut dire qu'il avait pour lui toute l'affection d'un père.

Rosario plaça, en entrant, sa corbeille sur la table. « Pardon, dit-il, mon révérend Père, si ma visite en ce moment vous est importune; je viens vous demander une grâce. — Un de mes meilleurs amis est tombé dangereusement malade ; daignez, mon Père, vous ressouvenir de lui dans vos prières. S'il est un homme sur la terre dont les vœux doivent être exaucés, je ne doute pas que les vôtres ne soient efficaces pour la guérison de mon ami »

« Tout ce qui dépend de moi, mon fils, je suis prêt à le faire pour vous : quel est le nom de votre ami » ?

« Vincentio della Ronda ».

« Cela suffit; je ne l'oublierai pas. Puisse notre saint patron obtenir du Tout-puissant ce que vous désirez ! — Qu'avez-vous lá dans votre corbeille, Rosario » ?

« Ce sont quelques fleurs, Révérend Père; j'ai cru qu'elles pouvaient vous être agréables. Voulez-vous me permettre de les arranger dans votre cellule » ?

« Votre attention me charme, mon fils ».

Tandis que Rosario distribuait les fleurs dans de petits vases placés de distance en distance, le Prieur soutint la conversation.

« Je ne vous ai pas aperçu aujourd'hui à l'église, Rosario » ?

« J'y étais cependant , Révérend Père ;
je suis trop reconnaissant de vos bontés
pour avoir négligé d'être témoin de votre
triomphe».

« Hélas ! Rosario, il n'y a pas là de quoi
triompher. Le Saint-Esprit a parlé par
ma bouche; lui seul a tout fait. Vous avez
donc été passablement content de mon discours » ?

» Passablement, dites-vous ? Je pense
que vous vous êtes surpassé. Jamais vous
n'aviez encore déployé autant d'éloquence,
si ce n'est peut-être un certain jour.....».

Ici Rosario poussa involontairement un
soupir.

« Et quel est ce jour » ? reprit Ambrosio.

« Lorsque vous prêchâtes en l'absence
de votre prédécesseur, qui venait de tomber malade ».

« Quoi , vous assistâtes à ce sermon !
Mais il y a plus de deux ans. Je ne vous
connaissais pas encore, Rosario ».

« Il est vrai , mon Père; et plut à Dieu
que la mort m'eût enlevé de ce monde la
veille de ce jour mémorable. Elle m'aurait sauvé bien des chagrins».

« Des chagrins , Rosario , á votre âge » !

« Oh oui, mon Père ! des chagrins , des
souffrances qui exciteraient votre compassion , ou peut-être votre colère , si vous
les connaissiez. Des souffrances , qui sont

á la fois le tourment et le charme de ma vie. Cependant, mon ame, dans cette retraite, recouvrerait peut-être sa première tranquillité, si elle n'était pas encore agitée par la crainte. Oh Dieu! je ne crois pas qu'il existe un sentiment plus cruel que la crainte. J'ai tout abandonné, mon Père; j'ai renoncé pour toujours au monde et á ses plaisirs; il ne me reste plus d'autre consolation que votre amitié, et je crains de la perdre. Si je la perds, je frémis d'avance en songeant à l'excès de mon désespoir ».

« Vous craignez de perdre mon amitié, Rosario; c'est, je vous assure, une crainte chimérique. Avez-vous vu dans ma conduite quelque chose qui puisse la justifier? Sachez mieux me connaître. Confiez-moi, mon enfant, le sujet de vos peines, et croyez que si je puis les adoucir.... ».

« Oui: vous le pouvez, mon Révérend Père; cependant je n'ose vous les faire connaître. Vous me blâmeriez, vous cesseriez peut-être de m'aimer, vous me banniriez peut-être de votre présence ».

« N'écoutez point ces vaines alarmes; je vous en prie, je vous en conjure... ».

« Hélas! mon Père, j'aurais á vous révéler des secrets.... mais la cloche nous appelle à vêpres; donnez-moi, de grâce, votre bénédiction, et je vais vous quitter».

En disant ces mots Rosario se jetá à ge-

noux et reçut la bénédiction qu'il deman-
dait. Portant alors la main du Prieur à ses
lèvres, il se leva et sortit promptement
de la cellule. Bientôt après Ambrosio descendit au petit chœur, cherchant inutilement á deviner, d'après le commencement
de confidence que lui venait de faire Rosario, quelle pouvait être la cause de ses
chagrins ; qu'il croyait cependant ne pouvoir attribuer qu'au souvenir mal effacé
de quelque passion malheureuse.

Après les vêpres toûs les Moines se retirèrent á leur cellule; le Prieur seul resta
dans la chapelle, où devaient se rendre les
Religieuses du couvent voisin : il n'attendit
pas long-temps. A peine avait-il eu le temps
de se placer á son confessionnal, lorsque
l'Abbesse de Sainte-Claire arriva avec sa
suite. Chacune des Religieuses fut enten-
due á son tour ; toutes les autres, avec
l'Abbesse, attendaient dans la sacristie.
Ambrosio écouta attentivement toutes les
confessions, fit des remontrances, exhorta,
enjoignit des pénitences; tout se passait en
un mot, comme il est d'usage, lorsqu'un
accident vint tout-á-coup occasionner du
trouble parmi le troupeau des pieuses
Cénobites.

Une des jeunes Religieuses occupée apparemment á considérer la figure du Révérend Père, laissa tomber par mégarde, á

ses pieds, une lettre qu'elle tenait cachée dans son sein. Sa confession finie, elle se retirait, sans s'apercevoir de sa perte. Ambrosio vit le papier, le ramassa, et imaginant que c'était quelque lettre écrite á cette jeune personne par ses parens, il s'empressa de la lui rendre.

« Ma sœur, ma sœur, lui cria-t-il; vous avez laissé tomber quelque chose ».

Comme le papier se trouvait en ce moment presque tout-á-fait ouvert dans la main d'Ambrosio, son œil lut involontairement á la lueur d'une forte lampe qui brûlait près de lui, les deux ou trois premiers mots de la lettre. Il tressaillit d'étonnement. La Religieuse s'était retournée á sa voix; elle aperçut sa lettre dans les mains du Moine, et poussant un cri d'effroi, elle accourut pour la recevoir.

« Arrêtez, lui dit Ambrosio d'un ton sévère; je dois prendre connaissance de cette lettre ».

« Quoi! vous voulez.... Ah ciel ! je suis perdue »! s'écria-t-elle douloureusement en joignant ensemble ses deux mains. Pâle et tremblante, elle fut obligée de jeter, pour se soutenir, ses deux bras autour d'un des piliers qui supportaient la voûte de la chapelle, tandis que le Prieur lisait la lettre suivante :

« Tout est prêt pour votre évasion, ma

chère Agnès. La nuit prochaine je vous attendrai à minuit á la porte du jardin, dont je me suis procuré la clef, et quelques heures suffiront pour vous conduire en lieu de sûreté. Bannissez les vains scrupules ; il ne vous est pas permis de rejeter les moyens de salut qui vous sont offerts, pour vous et pour l'innocente créature que vous portez dans votre sein. Souvenez-vous que vous aviez promis d'être à moi, long-temps avant l'époque de vos vœux religieux. Songez que bientôt vous ne pourrez plus cacher votre état aux yeux pénétrans de vos compagnes, et que la fuite est le seul moyen qui vous reste pour éviter l'effet de leur malveillance. Adieu, mon Agnès, ma chère ; mon unique épouse. Ne manquez pas de vous trouver au jardin demain á minuit ».

Après avoir lu, Ambrosio jeta sur l'imprudente Religieuse un regard de colère et de mépris.

« Mon devoir m'oblige, dit-il, á remettre cette lettre aux mains de votre Abbesse ». Au même instant il se disposa á sortir de la chapelle.

Ces mots furent un coup de foudre pour Agnès. Frappée du danger de sa situation, elle courut après lui, et de toute sa force le retint par la robe.

« Ambrosio, digne Ambrosio, s'écria-t-elle avec l'accent du désespoir, je me jette à vos pieds; je les baigne de mes larmes. Mon Père , ayez compassion de ma jeunesse. Regardez d'un œil indulgent la faiblesse d'une femme ; daignez m'aider á cacher ma faute. Je l'expierai , j'en ferai pénitence tout le reste de ma vie, et votre bonté aura ramené une ame dans les voies du Ciel ».

« Prétendez-vous que je puisse être complaisamment le confident du crime? Souffrirai-je que le couvent de Sainte-Claire devienne un lieu de prostitution ; que l'église du Christ nourrisse dans son sein la honte et la débauche ? Malheureuse ! l'indulgence ici ferait de moi votre complice; votre crime deviendrait le mien. Vous vous êtes livrée aux coupables désirs d'un séducteur ; vous avez , par votre impureté, déshonoré le saint habit que vous portez , et vous osez réclamer ma compassion! Laissez-moi, cessez de me retenir. Où est madame l'Abbesse, ajouta-t-il en élevant la voix » ?

« Mon Père, oh! mon Père , écoutez-moi un seul moment. Ne m'accusez ni d'impureté , ni de débauche, ni de prostitution. Long-temps avant que je prisse le voile , Raymond était maître de mon cœur; il m'inspira la tendresse la plus pure, la plus irréprochable : il était sur le point de devenir mon légitime époux. Je suis coupable d'un seul instant d'égarement, et bientôt je vais devenir mère. O mon Père ! prenez pitié de moi ; prenez pitié de l'innocente créature dont l'existence est unie á la mienne. Si vous dévoilez mon imprudence á l'Abbesse, nous sommes perdus tous deux. Le plus cruel châtiment est prononcé par les lois de Sainte-Claire contre mes pareilles. Respectable Ambrosio, que la pureté de votre conscience ne vous rende pas insensible aux peines, au repentir d'un être plus faible que vous ! Quelque autre vertu réparera ma faute. N'exigez pas la perfection dans les autres. Ayez pitié de moi, révérend Père ; rendez-moi cette lettre, et ne me condamnez pas á un malheur éternel ».

« Tant de hardiesse me confond, reprit Ambrosio. Que je cèle votre crime, moi, chef d'un ordre á jamais respectable ! moi, que vous avez trompé par une fausse confession ! Non, ma fille, non ; je veux vous rendre un meilleur office ; je veux, en dépit de vous-même, vous détourner de la voie de perdition. La pénitence et la mortification peuvent encore expier votre offense, et la sévérité sauvera peut-être votre ame. Holá, mère Sainte-Agathe » !

« Mon Père, par tout ce qu'il y a de

6.

sacré , par tout ce qui vous est cher , je vous supplie, je vous conjure.... ».

« Cessez, vous dis-je ; je ne vous écoute plus. Où est madame l'Abbesse? Mère Sainte-Agathe , où êtes-vous » ?

La porte de la sacristie s'ouvrit , et la Mère Sainte-Agathe parut ; suivie de ses Religieuses.

«Homme cruel» ! s'écria Agnès en cessant de le retenir.

Agnès désolée, se frappa la poitrine , déchira son voile , et se précipita la face contre terre avec tout le délire du désespoir. Les Religieuses la voyant en cet état, demeurèrent muettes d'étonnement. Le Moine présenta à l'Abbesse le papier fatal, en l'informant de quelle manière il était tombé dans ses mains. « C'est à vous, ajouta-t-il , á décider quelle peine mérite là coupable ».

A mesure que l'Abbesse lisait la lettre , la colère se peignait sur son visage. Un crime de cette nature , commis dans son couvent, et découvert par Ambrosio lui-même , par l'homme le plus respecté de tout Madrid ! Quelle idée allait-il se former de la régularité de sa maison ! Des paroles auraient mal exprimé la fureur de l'Abbesse, elle gardait le silence , et se contentait de jeter sur la malheureuse Agnès des regards menaçans.

«Qu'on l'emmène au couvent, dit-elle à quelques-unes de ses Religieuses ».

Deux des plus anciennes s'approchèrent d'Agnès, la relevèrent de vive force, et se disposèrent á sortir avec elle de la chapelle ; mais en ce moment, retrouvant son courage, Agnès se dégagea de leurs mains.

« Quoi ! s'écria-t-elle avec l'accent de la plus profonde douleur, tout espoir est donc perdu pour moi ! Déjá vous me traînez au supplice ! Oh ! Raymond ! Raymond ! où êtes-vous ! » Jetant alors sur le moine un regard terrible : « Ecoutez-moi, lui dit-elle, homme vain, orgueilleux, insensible; écoutez-moi, cœur de fer. Vous auriez pu me sauver, me rendre au bonheur et à la vertu ; vous ne l'avez pas voulu. Vous êtes le destructeur de mon ame ; vous êtes mon meurtrier, et ma mort et celle de mon enfant retomberont sur votre tête. Insolent dans votre facile vertu, vous avez dédaigné les prières d'un cœur pénitent ; mais Dieu sera ce que vous n'avez point été, miséricordieux envers moi. Où est donc le mérite de cette vertu si vantée ? Quelles tentations avez-vous surmontées ? Lâche ! vous ne devez votre salut qu'á la fuite ; vous ne vîtes jamais en face la séduction. Mais le jour de l'épreuve arrivera ; laissez venir les passions impétueuses. Vous sentirez alors que la faiblesse est l'apanage de

6..

l'humanité; vous frémirez en jetant un coup-
d'œil rétrograde sur vos crimes, vous im-
plorérez avec terreur la miséricorde de
Dieu. Oh ! pensez à moi dans ce terrible
moment, pensez à votre cruauté ; souvenez-vous de la malheureuse Agnès, et
désespérez du pardon ».

L'énergie avec laquelle elle proféra ces
derniers mots ayant épuisé sa force, elle
tomba sans connaissance dans les bras d'une
de ses compagnes qui se trouvait près d'elle.
Elle fut à l'instant transportée hors de la
chapelle, et suivie par toutes les autres.

Ambrosio n'avait point écouté ces reproches sans émotion ; une voix secrète lui
disait qu'il avait traité cette jeune fille
avec trop de sévérité. Il retint donc l'Abbesse pendant quelques instans.

« La violence de son désespoir, dit-il,
prouve au moins qu'elle n'est pas familiari-
sée avec le vice. Peut-être qu'en y mettant
un peu moins de rigueur, qu'en mitigeant
pour elle la pénitence usitée, l'on pourrait....».

« Mitiger, mon Père? c'est ce que je ne
ferai pas, vous pouvez en être assuré. Les
lois de notre ordre sont strictes: elles sont
un peu tombées en désuétude; le crime
d'Agnès me fait voir la nécessité de les
faire revivre. Je vais notifier à toute la
communauté mes intentions, et Agnès seu-

tira pleinement la rigueur de ces lois ; je prétends m'y conformer á la lettre. Adieu, mon Père».

En disant ces mots, elle sortit précipitamment de la chapelle.

«J'ai fait mon devoir», dit en lui-même Ambrosio ; et après quelques instans passés en méditations, il se rendit au réfectoire, où la cloche l'appelait.

---

Après le souper, Ambrosio rentré dans sa cellule, regardait par la fenêtre, et cherchait en vain á se distraire de sa dernière aventure. Tous les Religieux s'étaient retirés; la soirée était belle ; la lune brillait de tout son éclat. Ambrosio se détermina à descendre, pour prendre le frais quelques instans dans le jardin. Il n'était point, dans tout Madrid, un jardin plus beau ni mieux décoré que celui des Dominicains. On y voyait de grands quarrés de fleurs les plus recherchées, mais si artistement rangées, qu'elles paraissaient n'avoir été plantées que par la main de la nature. Des fontaines d'eau vive, coulant dans des bassins de marbre blanc, répandaient au loin une perpétuelle rosée, et la plus délicieuse fraîcheur ; les murs étaient tapissés de jasmins, de vignes et de chèvrefeuilles ; la beauté de la nuit ajoutait encore à celle du lieu ; les eaux réfléchis-saient l'azur du ciel, et les rayons argen-tés de la lune ; un zéphyr léger et frais portait, à travers toutes les allées, l'odeur des orangers en fleurs, et l'on entendait, d'un bocage voisin, le chant du rossignol. C'est vers ce bocage qu'Ambrosio dirigeait ses pas.

Au fond de cet asyle champêtre, se trouvait une grotte faite á l'imitation d'un hermitage, les murs étaient formés d'un tissu de racines d'arbres, de lierre et de mousse ; sur chaque côté de la grotte étaient des siéges de gazon ; une cascade naturelle, se précipitant du haut d'un ro-cher voisin, traversait la grotte vers le milieu. Plongé dans une douce rêverie, le Moine s'approcha de ce réduit solitaire ; le calme de toute la nature s'était déjá com-muniqué à son cœur, que pénétrait alors une douce et voluptueuse langueur.

En entrant dans l'hermitage, il fut étonné de trouver la place déjá prise ; une personne était á demi-couchée sur un des bancs, la tête posée sur sa main, dans une attitude mélancolique. Le Moine reconnut Rosario ; il l'observa en silence, et sans entrer. Après quelques instans le jeune homme leva la tête, et tint ses regards douloureusement fixés sur le mur opposé.

« Oui, dit-il avec un soupir plaintif, je

sens tout l'avantage de ta situation. Heureux qui peut penser comme toi ! heureux qui peut, comme toi, ne voir qu'avec dégoût toute l'espèce humaine, s'ensevelir pour jamais dans quelque solitude impénétrable, et oublier qu'il existe au monde des êtres qui méritent d'être aimés. Oh Dieu ! que la misanthropie me serait d'un grand secours » !

« Voilá de singulières idées, Rosario », dit en entrant le Prieur.

« Vous ici, révérend Père », s'écria le Novice. Au même instant il se leva, et se hâta de rabattre son capuchon sur son visage. Le Prieur se plaça sur le banc, et obligea Rosario á se rasseoir près de lui.

« Vous ne devez pas vous livrer á ces sombres pensées, lui dit-il. Comment pouvez-vous appeler à votre secours la misanthropie, qui, de tous les sentimens, est le plus triste et le plus condamnable » ?

« Connaissez-vous ces vers, révérend Père ? Je les ai lus que depuis hier matin, et déjá je les sais par cœur. Je ne puis vous dissimuler que j'envie les sentimens de celui qui les a faits. Ces vers son écrits dans un endroit assez obscur de cette grotte, sur une pierre de marbre. Peut-être ne les avez-vous pas remarqués. Voulez-vous que je vous les récite » ?

« Voyons, Rosario ».

Le jeune homme récita de mémoire , et
avec un accent mélancolique , les vers sui-
vans :

## INSCRIPTION

### DANS UN HERMITAGE.

Ici je m'établis. Ce réduit solitaire
Convient à mes chagrins; j'y veux vivre et mourir
Si quelque jour un homme à mes yeux vient s'offrir
Il saura que des siens je hais la race entière.
Bravant de ses destins l'inflexible rigueur,
Rosalbe aux coups du sort se soustrait par la fuite.
Je ne veux désormais vivre qu'avec mon cœur.
Adieu, parens, amis ; je vais me faire hermite.

Assez et trop long-temps on m'a vu parmi vous ;
Je vous fais mes adieux sans regrets, sans faiblesse.
Les hommes sont égaux ; ils se ressemblent tous.
Sous le chaume j'ai vu la fraude et la bassesse ,
J'ai vu dans vos cités, parmi vos demi-dieux ;
Le vice triomphant et la vertu proscrite.
J'ai vu des êtres vils , malfaisans , furieux,
Des hommes ! — et bientôt je me suis fait hermite.

Loin du faste des cours , des civiques horreurs,
Je puis vivre en ces lieux sans exciter l'envie ,
Gémir sur vos forfaits, déplorer vos erreurs,
Et consacrer à Dieu mes soupirs et ma vie.
J'ai retrouvé la paix dans ce désert affreux ;
Des fous et des méchans j'y crains peu les poursuite
Voulez-vous être enfin meilleurs et plus heureux ?
Hommes , imitez-moi ; faites-vous tous hermites.

« S'il était possible à l'homme, dit le Prieur, de se concentrer tellement en lui-même, qu'il pût conserver, quoique totalement séparé de l'espèce humaine, le contentement dont se vante ici Rosalbe, j'avoue que sa situation serait préférable á celle de l'homme qui vit au milieu de la corruption et des folies mondaines ; mais c'est ce qui ne peut jamais arriver. Cette inscription n'a été placée ici que pour l'ornement de la grotte ; et les sentimens et l'Hermite, tout est également imaginaire. L'homme est né pour la société ; et celui-lá même qui est le plus détaché du monde, ne peut cependant l'oublier totalement, ni s'accoutumer á en être totalement oublié. Dégoûté des vices ou de la sottise des hommes, le misanthrope s'en sépare ; il se fait hermite ; il s'ensevelit vivant dans le creux d'un rocher. Tant que son cœur est enflammé par la haine, il peut s'accommoder de sa situation ; mais quand son animosité vient á se refroidir, lorsque le temps a pu adoucir ses chagrins et cicatriser ses blessures, croyez-vous que le contentement puisse être encore le compagnon de sa solitude ? Non, non, Rosario. Cessant d'être soutenu par la violence de sa passion, il sent toute la monotonie de son existence, et son ame reste toute entière en proie à l'ennui. Regardant autour de lui, il se trouve seul dans l'univers ; il sent renaître dans son cœur l'amour de la société , il désire de retourner vers ce monde qu'il avait juré de haïr toute sa vie. La nature n'a plus de charmes á ses yeux , parce qu'il n'a près de lui personne qui partage son admiration pour elle. Appuyé contre quelque morceau de rocher , il regarde d'un œil morne la plus belle chûte d'eau ; il voit , sans en être ému , la renaissance de la verdure au printemps, la douce clarté des astres de la nuit, l'éclat majestueux du soleil levant. Chaque soir il retourne lentement á sa cellule , où personne n'attend son arrivée, où il ne trouve qu'une nourriture mal-saine et sans saveur ; il se jette désespéré sur un lit de mousse , ne goûte qu'un sommeil pénible, et ne s'éveille que pour recommencer une journée aussi triste, aussi monotone que la précédente ».

« Vous m'étonnez, mon Père ! Quoi ! s'il arrivait que les circonstances vous contraignissent á une solitude absolue , vous croyez qu'alors les devoirs de la religion, la conscience d'une vie employée saintement , ne suffiraient pas pour communiquer á votre cœur ce calme.... » !

« Non , Rosario ; je suis convaincu que cet espoir serait illusoire , que toute ma force serait insuffisante pour me sauver de la mélancolie et du dégoût. Si vous saviez quel est mon plaisir , lorsqu'après un jour passé á l'étude , je me trouve le soir au milieu de mes confrères ; lorsqu'après quelques heures de solitude , je revois quelques créatures humaines ! Et c'est en cela que consiste, á mon avis, le principal avantage de nos institutions monastiques : elles mettent l'homme á l'abri des tentations , elles lui procurent le loisir nécessaire pour le service de Dieu ; elles lui sauvent l'aspect des vices dont le monde est infecté , sans cependant le priver des avantages les plus précieux de la société. Et vous , Rosario, vous pouvez envier le sort d'un hermite ! vous pouvez vous aveugler ainsi sur le bonheur de votre situation ! Réfléchissez un moment: ce couvent est devenu votre asyle; votre régularité , votre douceur , vos talens , vous ont mérité parmi nous l'estime universelle ; vous êtes séparé du monde , que vous faites profession de haïr , et cependant vous trouvez habituellement chez nous la société de plusieurs hommes véritablement estimables ».

« O mon Père , dit Rosario , c'est-là surtout ce qui cause mon tourment. Il eût été plus heureux pour moi d'avoir á vivre avec des méchans , de n'avoir jamais entendu prononcer le nom de vertu. C'est ma vénération profonde pour tout ce qui tient à la religion, c'est la tendre sensibilité de mon ame , qui causent ma peine et m'entraînent irrésistiblement vers ma perte. Plût au ciel que je n'eusse jamais vu les murs de ce couvent» !

« Je ne vous comprend pas , Rosario : ce n'est pas là ce que vous me disiez tantôt; vous m'assuriez que mon amitié était pour vous un bien si précieux. Si vous n'eussiez jamais vu les murs de ce couvent, vous n'auriez pu me voir , ou du moins me connaître. Est-ce lá , Rosario, votre désir » ?

« Mon désir ? s'écria le Novice en se levant et saisissant avec vivacité la main du Prieur ; non , non , ce n'est pas lá mon désir. Et cependant, hélas ! il serait á souhaiter pour moi que je n'eusse jamais vu ni vous ni les murs de ce couvent ».

En disant ces mots Rosario sortit précipitamment de la grotte. Ambrosio resta á sa place : étonné de la conduite inexplicable de ce jeune homme, il fut tenté de croire que son esprit était dérangé ; cependant la tranquillité de son maintien, son langage, une sorte de liaison qu'on remarquait dans ses idées, démentaient cette conjecture. Après quelques minutes Rosario rentra, reprit sa place sur le banc et sa première attitude. La tête posée sur une de ses mains , il essuyait de l'autre quelques larmes qui coulaient de ses yeux.

Ambrosio le considérait avec la plus vive compassion. Tous deux gardèrent pendant quelques instans le silence. Un rossignol était venu se placer sur un oranger devant la porte de l'hermitage. L'oiseau se mit à chanter ; au son de sa voix touchante et mélodieuse, Rosario leva la tête, et parut l'écouter attentivement.

« C'est ainsi , dit-il , avec un profond soupir , que ma pauvre sœur , aux derniers jours de sa vie, écoutait le chant du rossignol. Infortunée Matilde ! elle repose maintenant dans le silence du tombeau, et son cœur n'est plus gros de soupir ».

« Quoi ! vous auriez une sœur , Rosario » ?

« Oui, c'est la vérité ; j'avais une sœur. Hélas ! je ne l'ai plus ; au printemps de sa vie , elle a succombé sous le poids des chagrins » !

« Et de quelle nature étaient ces chagrins » ?

« Ils n'exciteront point votre pitié, Ambrosio. Vous ne connaissez pas la force irrésistible des sentimens auxquels son cœur fut en proie. Un amour malheureux fut la cause de son infortune ; la passion la plus pure et la plus vive pour un homme vertueux, pour un homme , ou plutôt pour un Dieu ! Talens, beauté , sagesse , vertu solide , réputation, tout se trouvait réuni dans la personne de Francisque. Le

7.

cœur le plus insensible se serait animé en l'approchant ; ma sœur le vit ; elle osa l'aimer ; elle l'aima sans espoir ».

« Si son amour était si bien placé, pourquoi l'aima-t-elle sans espoir » ?

« Avant qu'il la connût, mon Père, Francisque était déjà engagé ; il avait donné sa foi á la plus belle des épouses. Cependant ma sœur continua de l'aimer ; elle aima même son épouse á cause de lui. Un matin, ayant trouvé moyen de s'échapper de la maison paternelle, déguisée sous des habits grossiers, elle alla s'offrir, en qualité de domestique, chez celui qu'elle aimait, et fut acceptée. Continuellement en sa présence, elle s'efforça de gagner son affection ; elle y réussit. Les hommes vertueux sont toujours reconnaissans. Bientôt Francisque s'aperçut de ses attentions ; il y fut sensible, et distingua Matilde du reste de ses serviteurs ».

« Et vos parens n'ont-ils point fait de recherches pour découvrir ce qu'était devenue leur fille fugitive » ?

« Ma sœur s'était elle-même décélée avant qu'ils pussent en avoir des nouvelles. Son amour s'accrut au point qu'il ne lui fut plus possible de le tenir caché. Cependant ce n'était pas la personne de Francisque qu'elle désirait ; tous les vœux de ma sœur se bornaient à obtenir une place dans

son cœur. Dans un moment d'oubli, elle
lui avoua sa tendresse. Quel fut le résultat
de cette imprudence? Amant idolâtre de
sa femme, et croyant qu'un regard de pitié jeté sur une autre serait un vol fait à
son affection conjugale, il chassa Matilde
de sa présence, et lui défendit de jamais
reparaître devant lui. Le cœur navré par
cet excès de sévérité, ma pauvre sœur revint à la maison paternelle, et mourut
dans l'espace de quelques mois ».

« Malheureuse fille! ton destin fut assurément trop cruel, et Francisque trop
sévère ».

« Le pensez-vous, mon Père, s'écria
vivement le Novice; pensez-vous que Francisque fut trop sévère » ?

« Oui, sans doute, je le pense; et j'ai
sincèrement pitié de Matilde ».

« Vous, Ambrosio, vous avez pitié de
ma sœur! O mon Père, ayez donc aussi
pitié de moi ».

« Que voulez-vous dire » ?

« Oui, reprit Rosario d'un ton plus
doux, je réclame votre pitié; car mes souffrances sont encore plus vives. Ma sœur
avait au moins un ami, un ami fidèle, qui
compatissait à ses peines et ne lui reprochait point la vivacité de ses sentimens; et
moi..... je n'ai point d'ami. Le monde en-

tier ne m'offre pas un cœur qui soit sensible à mes tourmens ».

Ambrosio fut touché de ces derniers mots ; il prit la main de Rosario ,et la pressa tendrement.

« Vous n'avez point d'ami, dites-vous ;. et qui suis-je donc ? Pourquoi refusez-vous de me confier vos secrets, et que pouvez-vous craindre ? Ma sévérité ? Je n'en ai jamais fait usage avec vous. La dignité de mon habit ? Oubliez que je suis un Religieux, votre Prieur. Ne voyez en moi , je l'exige, que votre ami, que votre Père. Je puis bien prendre avec vous ce dernier titre, car je vous aime comme mon enfant. Votre société me procure plus de plaisir que celle de tout autre ; et lorsque je remarque l'étendue de votre esprit et de vos connaissances, je me réjouis , comme le ferait un père en voyant les perfections de son fils. Mettez donc de côté toutes ces craintes , et parlez-moi enfin à cœur ouvert ».

« Mais peut-être vous me haïrez , mon Père, vous me détesterez , á cause de ma faiblesse. Peut-être ne retirerai-je d'autre fruit de ma confidence que la perte de votre estime ».

« Comment puis-je vous rassurer ? Réfléchissez sur ma conduite passée , sur la tendresse que je vous ai toujours témoignée. Vous haïr, Rosario ! cela n'est plus en mon pouvoir. Renoncer á votre société, ce serait me priver moi-même de mon plus grand plaisir. Confiez-moi donc ce qui vous afflige, et je vous jure ici solennellement... ».

« Eh bien ! jurez-moi, reprit Rosario, que, quel que soit mon secret, vous ne m'obligerez point á sortir de ce couvent, que mon noviciat ne soit expiré ».

« Je vous le jure ; et comme notre divin Sauveur tiendra la promesse qu'il a faite aux hommes, de même je tiendrai celle que je vous fais. Expliquez-moi seulement ce mystère, et comptez sur mon indulgence».

« Je vous obéis. Sachez donc... mais je tremble. Je réclame votre pitié, respectable Ambrosio ; ayez égard á la faiblesse de l'humanité. Mon Père, continua-t-il en se jetant aux pieds du Moine, et couvrant sa main de baisers, mon Père.... je suis une femme».

Ces mots furent prononcés à basse voix. Le Moine tressaillit. Prosternée devant lui, la jeune fille, que nous n'appellerons plus Rosario, semblait attendre en silence la décision de son juge. La surprise d'un côté, la crainte de l'autre, les tinrent quelques instans dans la même attitude, immobiles, comme s'ils avaient été touchés pár la verge de quelque magicien. Dès qu'Ambrosio fut un peu revenu de son étonnement, il se hâta de sortir de la grotte, et s'enfuit vers le couvent. La vivacité de son action n'échappa point à la suppliante. Elle se leva précipitamment, courut après lui, l'atteignit, se jeta sur son passage, et embrassa ses genoux. Ambrosio fit de vains efforts pour se dégager.

« Ne me fuyez pas, s'écria-t-elle ; ne me livrez pas á mon désespoir. Ecoutez-moi ; laissez-moi me justifier á vos yeux. Vous avez plaint le sort de ma sœur ; eh bien ! toute son histoire est la mienne. Je suis Matilde, et vous êtes l'homme qu'elle aime ».

Ce second aveu redoubla l'étonnement d'Ambrosio. Indécis, embarrassé, il resta comme paralysé, en contemplation devant Matilde, dont le visage était alors découvert. Elle l'obligea de se rasseoir sur un banc du jardin, qui se trouvait près d'eux, et profita de son trouble et de son silence pour continuer son explication ».

« Ne croyez pas, Ambrosio, que je sois venue pour subtiliser vos affections ni pour vous faire enfreindre les engagemens qui vous lient à votre céleste épouse. La religion seule est digne de vous posséder tout entier. Ne croyez pas que l'intention de Matilde soit de vous détourner des sentiers de la vertu. Ce que je sens pour vous est

de l'amour; mais ce n'est point un amour
licencieux. Je soupire après la possession
de votre cœur ; mais je ne désire point
celle de votre personne. Daignez écouter
ma justification. Dans peu d'instans vous
serez convaincu que la sainteté de cet asyle
n'est point souillée par ma présence, et que
vous pouvez m'accorder votre compassion
sans violer vos engagemens envers Dieu ».
Matilde vit sur le visage d'Ambrosio qu'il
l'écoutait avec attention , et même avec
intérêt. Elle continua.

« Je sors d'une famille distinguée. Mon
père était le chef d'une des plus illustres
maisons de Villanegas ; il mourut comme
j'étais encore enfant, et me laissa seule
héritière de son immense fortune. Jeune et
riche , je fus recherchée par la plus brillante jeunesse de Madrid ; mais aucun ne
parvint á gagner mon cœur. J'avais été
élevée sous les yeux d'un oncle doué d'un
jugement solide et de la plus vaste érudition.
Il prit plaisir á me communiquer quelque
portion de ses connaissances. Grâce á ses
leçons , mon entendement acquit une force
et une justesse assez peu communes parmi
les personnes de mon sexe. Naturellement
active et curieuse, je fis d'assez grand pro-
grès , non-seulement dans les sciences qui
sont généralement étudiées , mais dans
quelques autres encore dont les secrets ne

sont révélés qu'á très-peu de personnes, et que condamne injustement l'aveugle superstition. Mais tout en travaillant á étendre la sphère de mes connaissances , mon sage tuteur n'a point négligé d'inculquer dans mon ame les préceptes éternels de la morale : il a pris soin de m'affranchir des entraves du préjugé vulgaire ; il m'a fait sentir les beautés de la religion ; il m'a appris á respecter , à adorer les ames pures et vertueuses, et je n'ai que trop bien suivi ses instructions.

« Avec de semblables dispositions , jugez vous-même si j'ai pu voir sans dégoût les vices, la dissipation et l'ignorance , qui déshonorent notre jeunesse espagnole. J'ai rejeté dédaigneusement toutes les offres. J'avais conservé mon cœur libre de toute inclination , lorsque le hasard me conduisit un jour à l'église des Dominicains. Oh ! jour-lá, mon ange gardien sommeillait assurément , peu soigneux de remplir sa tâche. C'est ce jour-lá que je vous vis pour la première fois. Vous remplaciez votre prédécesseur , absent par maladie. — Vous devez vous rappeler quel enthousiasme votre discours excita dans tout l'auditoire. Avec quelle avidité j'entendais chacune de vos paroles ! Il me sembla que votre éloquence m'enlevait jusqu'aux nues. J'osais à peine respirer , dans la crainte de perdre une seule syllabe. Je crus voir, tandisque vous parliez, votre tête environnée d'une auréole brillante, et tout votre maintien me retraçait la majesté d'un Dieu. Je me retirai de l'église, le cœur plein d'admiration. A compter de ce moment, vous êtes devenu l'idole de mon cœur, l'unique objet de toutes mes pensées. La mélancolie et le désespoir s'emparèrent de moi. Je me séparai de la société, et ma santé alla chaque jour en déclinant. A la fin, ne pouvant plus exister dans cet état de souffrance, je pris le parti d'avoir recours au déguisement sous lequel vous me voyez aujourd'hui. Mon artifice a réussi; conduite ici par un de mes parens, á qui j'avais confié mon secret, je fus reçue dans votre monastère, et je parvins à gagner votre estime.

« Dans cette situation, j'aurais été, mon révérend Père, complètement heureuse, si je n'avais craint à chaque instant que quelqu'un ne s'aperçut de mon travestissement. Le plaisir que me causait votre société, était empoisonné par cette idée. Craignant de perdre votre amitié, devenue nécessaire á mon existence, je me suis déterminée à ne pas confier au hasard la découverte de mon sexe; á vous avouer tout à vous-même, et á me jeter entre les bras de votre miséricorde et de votre indulgence. Serai-

je, Ambrosio, trompée dans mon attente?
Non, je ne puis me le persuader. Vous ne
voudrez point me réduire au désespoir.
Vous me permettrez de continuer á vous
voir, de converser avec vous, de vous
adorer. Vos vertus seront la règle de ma
vie ; et quand nous expirerons, nos corps
reposeront du moins dans le même tombeau ».

Tandis que Matilde parlait ainsi, mille
sentimens opposés se combattaient dans le
cœur d'Ambrosio. La surprise, la confusion, le mécontentement, que lui causaient
à la fois une aventure aussi singulière, une
déclaration aussi brusque, une action
aussi hardie que celle de Matilde, tels
étaient les sentimens dont il pouvait se
rendre compte á lui-même ; mais quelques-
autres se tenaient cachés, á son insu ; dans
le fond de son cœur. Il ne s'aperçut pas
que sa vanité était flattée par les éloges que
Matilde donnait á son éloquence et à sa
vertu ; qu'il sentait un secret plaisir á songer qu'une femme jeune, et probablement
jolie, avait pour lui abandonné le monde
et sacrifié toute autre passion á celle qu'il
lui avait inspirée ; enfin, quoiqu'il sentit
fortement la nécessité de s'armer en cette
circonstance de toute sa sévérité, il ne
s'aperçut pas que son cœur palpitait avec
violence, tandis que les doigts d'ivoire de

Matilde pressaient doucement sa main.

Lorsqu'il fut un peu remis de son trouble, il jugea qu'il était impossible que Matilde séjournât plus long-temps dans le couvent, après l'aveu qu'elle venait de lui faire. Il prit un air imposant , et retira sa main.

« Avez-vous pu réellement espérer, Mademoiselle , que je vous permettrais de rester parmi nous ? En supposant même que je pusse accéder á votre demande , quel avantage en pourriez-vous retirer ? Pensez-vous que je puisse jamais répondre á une affection qui.... » ?

« Non , mon Père , non ; je n'espère point vous inspirer un amour semblable au mien. Je ne demande que la liberté de rester près de vous ; de passer quelques heures du jour dans votre société , d'obtenir votre compassion, votre amitié , votre estime : ma demande est-elle déraisonnable » ?

« Mais réflèchissez , Segnora , combien il serait contraire á toutes les convenances de souffrir qu'une femme habitât dans notre couvent , et une femme encore qui m'avoue qu'elle m'aime ! Cela ne doit pas être. Votre secret pourrait être découvert, et je ne veux point d'ailleurs m'exposer á une aussi dangereuse tentation ».

« Tentation , dites-vous ? Oubliez que je

suis une femme , il n'y a plus de tentation
á craindre ; ne voyez en moi qu'un ami ,
qu'un infortuné , dont le bonheur , dont
la vie dépendent de votre protection : ne
craignez pas que je rappelle jamais á votre souvenir que l'amour le plus ardent ,
le plus impétueux , m'a portée á déguiser
mon sexe , ou que , pressée par l'aiguillon
de quelques coupables désirs , oubliant ,
et mon honneur , et les vœux qui vous
lient , je cherche jamais á vous détourner
des sentiers de l'honnêteté. Non , Ambrosio , sachez mieux me connaître , je vous
aime pour vos vertus ; perdez-les , et vous
perdrez avec elles mon affection. Je vous
regarde comme un saint ; prouvez-moi que
vous n'êtes qu'un homme , et je vous quitte
avec dégoût : et c'est moi que vous regardez comme une tentatrice ! Moi, qui ne
vois qu'avec mépris les vains plaisirs de
ce monde ! moi, dont l'attachement pour
vous n'est fondé que sur l'idée que j'ai
conçue de votre incorruptibilité ! Oh !
bannissez ces injustes craintes : ayez meil-
leure opinion de vous-même et de moi ; je
suis incapable de chercher à vous séduire,
et votre vertu est sans doute établie sur
une base trop solide pour être jamai
ébranlée par des désirs vagues et sans ob
jet. Ambrosio , cher Ambrosio , ne m
bannissez point de votre présence ; re

souvenez-vous de votre promesse, et au-
torisez-moi à rester près de vous».

« Impossible, Matilde ; votre intérêt même m'ordonne de vous refuser, car c'est
pour vous que je crains, plus encore que
pour moi. Après avoir surmonté les mouvemens impétueux de la jeunesse, passé
trente ans dans les mortifications et la pénitence, je pourrais en toute sûreté vous
permettre de rester, et je ne crains pas
que vous m'inspiriez jamais d'autres sentimens que celui de la compassion ; mais
un plus long séjour en ce lieu ne peut avoir
pour vous que des suites fâcheuses. Vous
donnerez á chacune de mes paroles et de
mes actions une fausse interprétation,
vous saisirez avidement tout ce qui pourra
nourrir en vous l'espérance de voir votre
amour payé de retour : insensiblement votre passion deviendra plus forte que votre
raison, et ma présence, au lieu de la cal-
mer, ne fera que l'irriter encore. Croyez-
moi, malheureuse femme, vous m'inspi-
rez une compassion sincère. Je suis convaincu que vous n'avez agi jusqu'á présent
que d'après les motifs les plus purs ; mais
si l'on peut vous pardonner d'être aveugle
sur l'imprudence de votre conduite, on ne
me pardonnerait point, je ne pourrais me
pardonner á moi-même, si je négligeais
de vous ouvrir les yeux. Mon devoir m'o-

blige à vous traiter avec rigueur ; je dois rejeter votre prière, je dois détruire toute espérance qui servirait á nourrir des sentimens si pernicieux á votre repos. Matilde, vous sortirez du couvent demain matin ».

« Demain, Ambrosio, demain ! Oh ! ce n'est pas-là sans doute votre dernière résolution, vous n'aurez pas cet excès de cruauté ».

« Vous avez entendu ma décision, préparez-vous á vous y conformer ; les lois de notre ordre sont rigoureuses : cacher une femme dans l'enceinte de ces murs, ce serait un parjure ; mes vœux m'obligent á révéler toute votre histoire á la communauté. J'ai pitié de votre sort, Matilde, c'est tout ce que vous devez attendre de moi ».

Il prononça ces derniers mots d'une voix faible et tremblante : alors se levant brusquement, il s'achemina vers le monastère. Matilde poussa un cri douloureux, le suivit et l'arrêta.

« Encore un moment, Ambrosio ; laissez-moi vous dire une seule parole ».

« Je ne veux rien entendre ; cessez de me retenir, vous connaissez ma résolution ».

« Un mot, un dernier mot » !

« Laissez-moi, vos instances sont vaines ; vous sortirez d'ici demain matin ».

« Eh bien ! allez, barbare ! je ne vous retiens plus; mais il me restera du moins cette ressource ».

En disant ces mots, elle tira de dessous sa robe un poignard, écarta ses vêtemens, et tint la pointe du stylet placée contre sa poitrine.

« Mon Père, je ne sortirai pas vivante de cette enceinte ».

« Matilde, que faites-vous » ?

« Si votre résolution est prise, j'ai pris aussi la mienne. Au moment où l'on me séparera de vous, je me plonge ce poignard dans le cœur ».

« Par Saint Dominique, Matilde, êtes-vous en votre bon sens ? Connaissez-vous les conséquences de votre action ? Savez-vous que le suicide est le plus grand de tous les crimes ? Voulez-vous donc perdre votre ame, anéantir pour vous tout espoir de salut, vous condamner vous-même á d'éternels tourmens » ?

« Je sais tout cela, reprit-elle d'un ton passionné; il dépend de vous de me sauver ou de me perdre. Parlez, Ambrosio, dites-moi que vous tiendrez mon aventure secrète, que je puis rester ici votre amie et votre compagne, autrement vous allez à l'instant me voir couler mon sang ».

« En proférant ces derniers mots, Matilde leva le bras lentement, et fit un mou-

vement comme pour se poignarder. Le
Moine suivit de l'œil le circuit que par-
courut le poignard. Les vêtemens de Matilde étaient écartés, sa gorge était à demi-
découverte..... et quelle gorge, grand
Dieu ! La pointe du stylet alla se poser
sur son sein gauche , dont le Moine, á
l'aide des rayons brillans de la lune put
observer la blancheur éblouissante ; son
œil resta fixé , avec une insatiable avidité,
sur le plus beau demi-globe que la nature
ait jamais produit. Une sensation , jusqu'alors inconnue, remplit son cœur d'un
mélange d'inquiétude et de plaisir ; un feu
dévorant circula rapidement dans toutes
ses veines, et mille désirs troublèrent son
imagination en agitant son sein.

« Je ne résiste plus , s'ecria-t-il d'une
voix sanglotante ; restez , enchanteresse,
restez pour ma destruction ».

Dès qu'il eut dit ces mots , il s'enfuit á
toutes jambes vers le monastère, regagna
sa cellule, et se jeta sur son lit , honteux,
agité, presque fou.

Il lui fut, pendant quelque temps, impossible de débrouiller le chaos de ses
idées et de ses sentimens. A quelle résolution devait-il s'arrêter ? quelle conduite
devait-il tenir avec celle qui venait ainsi
troubler son repos? La prudence, la religion, la convenance , exigeaient qu'elle

sortît du couvent ; mais , d'un autre côté ,
la vanité du Moine était extraordinairement flattée , tant par la conduite que par
les insinuations de Matilde ; il se rappelait
les agrémens qu'il avait trouvés dans la
société de Rosario ; il craignait que l'absence de son jeune ami ne laissât un vide
douloureux dans son cœur, et la richesse
du jeune novice pouvait d'ailleurs être une
utile ressource pour son couvent. « Et que
puis-je risquer , se dit-il en lui-même , en
lui permettant de rester ? N'ai-je pas tout
lieu d'ajouter foi à ses assertions ? Ne me
sera-t-il pas aisé d'oublier son sexe , et de
ne voir en elle que mon ami , que mon
disciple ? Son amour est assurément aussi
pur que désintéressé : s'il n'était que le
produit d'une ardeur licencieuse , aurait-
elle pu le cacher si long-temps ? N'aurait-
elle pas cherché , dès les premiers instans , quelques moyens de satisfaire sa
passion ? Elle a fait tout le contraire , elle
m'a soigneusement fait mystère de son
sexe. La crainte d'être reconnue , et mes
propres instances, ont pu seules lui arracher son secret. Elle a assisté aussi assi-
dument que moi-même à tous nos exerci-
ces de religion ; elle n'a fait aucune ten-
tative pour exciter mes passions endormies,
et jusqu'à ce jour , elle n'avait pas prononcé une seule fois en ma présence le

mot d'amour. Si elle eût eu l'intention de gagner mon affection sans mon estime , aurait-elle pris si grand soin de me cacher ses charmes ? Jusqu'à ce moment elle ne m'avait pas laissé apercevoir son visage , cependant sa figure doit être charmante , aussi bien que toute sa personne , et j'en puis juger par... par ce que j'en ai vu ».

Cette dernière idée , lorsqu'elle se présenta á l'imagination du Moine , lui fit monter le rouge au visage. Alarmé de ses propres sensations, il se leva brusquement, résolu de se mettre en prières , et se prosterna devant sa jolie Madone , la priant avec ardeur de lui aider á étouffer de si coupables émotions. Sa prière finie , il retourna au lit, et parvint à s'endormir.

Le lendemain matin , il s'éveilla brûlant et agité. Il n'avait vu en songe que des objets voluptueux : tantôt c'était Matilde qui se présentait devant lui ; il revoyait son sein demi-nu ; elle lui répétait l'assurance d'un éternel amour , lui jetait ses beaux bras autour du cou, et le couvrait de baisers ; le Moine alors lui rendait caresse pour caresse , la serrait passionnément contre son sein , et la vision disparaissait : tantôt c'était l'image de sa Madone favorite. Ambrosio , dans son rêve , se prosternait devant elle , et lui adressait ses vœux. Il lui sembla une fois que les yeux du portrait le regardaient avec une inexplicable douceur. Il pressa de ses lèvres celles de la Sainte Vierge. O prodige! il trouva que ces lèvres étaient animées. Bientôt une figure charmante sortit du cannevas, s'agrandit, l'embrassa tendrement, et la vision disparut. Tels furent, pendant cette nuit entière, les songes d'Ambrosio.

Il se leva et se promena dans sa cellule; honteux á la fois de ses songes, et des événemens de la veille, auxquels il les attribuait. Après quelques instans de promenade, le nuage qui obscurcissait son jugement se dissipa par degré, et ses idées prirent un autre cours. Il vit clairement l'illusion qu'il s'était faite á lui-même ; il sentit que ses raisonnemens n'étaient que les sophismes dangereux de l'amour-propre, de la flatterie et de la cupidité. « Si une heure de conversation avec Matilde, se dit-il à lui-même, a produit en moi un changement aussi remarquable, que n'ai-je pas á craindre de la prolongation de son séjour en ce lieu» ? Frappé du danger de sa situation, revenu de ses idées présomptueuses, il résolut d'insister sur le départ immédiat de Matilde. Il commença à reconnaître qu'il pouvait être tenté comme un autre homme, et qu'en supposant même qu'elle restât constamment avec lui

dans les bornes de la plus scrupuleuse modestie, il était peut-être trop faible pour
résister constamment au choc de ses passions dont il avait osé se croire exempt.

« Agnès, Agnès ! s'écria-t-il, je sens
déjá l'effet de ta malédiction ».

Ambrosio sortit de sa cellule, bien résolu de renvoyer, sans délai, le soi-disant
Rosario, et se rendit á matines. Il recita
l'office ordinaire sans y donner la plus légère attention ; son cœur et sa tête étaient
remplis d'objets qui ne s'allient point avec
le service divin ; il pria sans dévotion.
L'office fini, il descendit au jardin, et
dirigea ses pas vers la grotte , ne doutant
pas que Matilde ne vînt bientôt l'y chercher ; il ne fut pas trompé dans cette attente ; elle entra dans l'hermitage pres-
qu'aussitôt que lui, et l'aborda d'un air
timide. Après quelques instans d'embarras,
pendant lesquels Matilde paraissait vouloir parler et ne parlait point, le Prieur,
qui craignait secrètement d'entendre sa
voix, recueillant tout l'effort de résolution dont il était capable, prit un air de
fermeté qui n'offrait pourtant rien d'extraordinairement sévère.

« Asseyez-vous ici près de moi, Matilde,
lui dit-il, écoutez-moi patiemment, et
croyez que ce que je vais vous dire a pour
objet votre intérêt plus encore que le mien.

Croyez que je sens pour vous l'amitié la
plus vive, et que c'est avec la plus sincère
affliction que je me vois forcé de vous déclarer que nous devons décidément cesser
de nous voir ».

« Ambrosio » ! s'écria-t-elle d'un ton
qui exprimait la surprise et le chagrin.

« Calmez-vous, mon ami, mon cher Rosario, car je veux encore vous donner ce
nom qui m'est si cher. Notre séparation
est nécessaire ; je rougis de vous avouer
combien j'en souffre d'avance ; mais il faut
nous quitter. Je ne me sens pas capable de
vous traiter avec indifférence, et c'est ce
qui m'oblige á insister sur votre départ.
Matilde ; vous ne pouvez rester ici plus
long-temps ».

« Où donc, á présent, chercherai-je la
bonne-foi ? Dans quels lieux se cache la
vérité, dégoûtée d'un monde faux et trom-
peur ? Mon Père, je me flattais qu'elle
s'était fixée dans ce cloître ; je croyais que
votre cœur était son plus cher asyle ! Et
vous aussi, vous vous montrez perfide ! Juste
ciel ! et vous aussi, vous pouvez me trahir » !
— « Matilde » ! — « Oui, mon Père, oui,
j'ai droit de vous faire des reproches. Où
sont vos promesses ? Mon noviciat n'est pas
expiré, et cependant vous voulez me forcer
á quitter le monastère : pouvez-vous avoir
le cœur de m'arracher d'auprès de vous,

et ne m'avez-vous pas solennellement juré
le contraire » ?

« Non, je ne veux point vous forcer de
quitter ces lieux, et je me souviens de mes
sermens; mais quand j'implore votre générosité, quand je vous fais connaître les embarras où me jette votre présence, vous-
même, ne me dégagerez-vous pas de ces
mêmes sermens? À chaque instant on peut
découvrir qui vous êtes. Pensez aux suites
d'un pareil éclat; voyez de quel opprobre
il me couvrirait. Songez que mon honneur
et ma réputation sont entre vos mains, et
que le repos de ma vie dépend de votre
complaisance, de votre promptitude á vous
éloigner. Mon cœur est encore libre; je
puis me séparer de vous, non pas sans regrets, mais sans désespoir. Si vous restez
encore quelque temps, c'en est fait, tout
mon bonheur sera sacrifié á vos charmes;
vous n'êtes que trop intéressante, que trop
aimable! Je finirais par vous aimer, par
vous idolâtrer. Mon sein serait en proie á
mille désirs, que l'honneur et ma profession ne me permettent pas de satisfaire. Si
j'y résiste, mes efforts et mes combats auront bientôt altéré ma raison; si j'y suc-
combe, j'immolerai aux plaisirs d'un moment, á des plaisirs coupables, ma réputation dans ce monde, et mon salut dans
l'autre. C'est á vous que j'ai recours pour

me défendre contre moi-même. Ne permettez-pas que je perde la récompense de trente ans de souffrances et de travaux ! empêchez-moi de devenir bientôt la victime des remords. Votre cœur a déjà senti les tourmens de l'amour sans espérance. Ah ! si réellement je vous suis cher, épargnez-moi vous-même ces tourmens. Rendez-moi ma promesse ; fuyez loin de ces murs. Partez, et vous emporterez avec vous mes plus ardentes prières pour votre bonheur, mon amitié, mon estime et mon admiration. Restez, et vous devenez pour moi une source de dangers, de souffrances et de désespoir. Répondez-moi, Matilde, quelle est votre décision» ? Matilde garda le silence. Ne parlez-vous, Matilde ; ne me direz-vous pas quel parti vous choisissez» ?

« Cruel ! cruel ! s'écria-t-elle avec l'accent de la douleur, et en se tordant les mains, vous savez trop bien que vous ne me laissez pas la liberté de choisir ; vous savez trop bien que je ne puis avoir d'autre volonté que la vôtre » — « Je ne m'étais donc pas trompé, la générosité de Matilde répond à mon attente ».

« Oui, je vous prouverai la vérité de mon affection, en me soumettant á un arrêt qui me perce le cœur. Reprenez votre promesse, je quitterai le monastère aujourd'hui même, j'ai une parente, ab-

besse dans l'Estrémadoure ; c'est auprès
d'elle que j'irai , c'est dans son couvent que
je me séparerai du monde pour jamais.
Mais dites-moi, mon Père, emporterai-
je vos vœux dans ma solitude ? Détourne-
rez-vous quelquefois votre attention des
objets célestes pour m'accorder une pen-
sée » ?

« Ah ! Matilde , je crains de penser à
vous trop souvent pour mon repos » ?

« Je n'ai donc plus rien à désirer , á présent , que de pouvoir nous retrouver dans
le ciel. Adieu, mon ami , mon cher Ambrosio ! Il me semble , pourtant , que j'aurais quelque plaisir á emporter avec moi
une preuve de votre amitié ».

« Quelle preuve puis-je vous donner » ?

« Quelque chose , n'importe quoi ; une
de ces fleurs me suffirait ( et du doigt elle
lui montra un buisson de roses planté á la
porte de la grotte) ; je la cacherai dans
mon sein , et après ma mort, les Religieuses de l'Estrémadoure , la trouveront sé-
chée sur mon cœur ».

Le Moine n'eut pas la force de répondre;
d'un pas lent et le cœur navré de douleur,
il sortit de l'hermitage , s'approcha du
buisson et s'arrêta pour cueillir une rose.
Soudain il jette un cri perçant , recule
plein d'effroi, et laisse tomber de sa main
la fleur qu'il tenait déjà. Matilde entend
ce cri , et court á lui avec inquiétude.

« Qu'y a-t-il? s'écria-t-elle, répondez-moi, pour l'amour de Dieu. Qu'est-il arrivé » ?

« J'ai reçu la mort, dit le Moine d'une voix faible ; caché parmi les roses.... un serpent.... ».

La douleur causée par la piqûre devint si vive qu'il ne put la supporter ; ses sens l'abandonnèrent, et il tomba inanimé dans les bras de Matilde.

L'affliction de son amante ne peut s'exprimer. Elle arrachait ses cheveux, se frappait le sein ; et n'osant quitter Ambrosio, elle appelait, á grands cris, le secours des Moines. A la fin, ses cris furent entendus. Quelques frères se hâtèrent d'accourir ; le Prieur fut transporté chez lui et mis au lit. Le Moine qui faisait l'office de Chirurgien dans la communauté se prépara à sonder la blessure. Déjà la main d'Ambrosio était prodigieusement enflée. Les remèdes lui avaient rendu la vie, mais non pas la connaissance ; il était dans les agitations du délire le plus violent, et quatre des plus forts Moines pouvaient á peine le retenir dans son lit.

Le Père Pablos (c'était le nom du Chirurgien) se hâta d'examiner l'état de la main. Les Moines entouraient le lit, attendant avec inquiétude la décision de Pablos ; parmi eux, le feint Rosario ne se montrait pas le moins sensible ; ses yeux remplis de douleur, ne quittaient pas le malade, et les gémissemens qui lui échappaient sans cesse, prouvaient suffisamment la violence de son affliction.

Père Pablos sonda la blessure, et en retirant sa lancette, il la vit teinte d'une couleur verdâtre. Il secoua la tête avec chagrin, et s'éloignant du lit : « Voilá ce que je craignais, dit-il, il n'y a point d'espérance ». — «Point d'espérance ! s'écrièrent tous les Moines ; vous dites qu'il n'y a point d'espérance » !

« D'après les soudains effets de cette piqûre, je soupçonnais que notre Prieur avait été blessé par un mille-pieds. Le venin que vous voyez á la pointe de ma lancette confirme mon idée; il ne peut vivre trois jours».

«Et ne peut-on trouver aucun remède»? demanda Rosario.

«Sans exprimer le poison, il est impossible de lui rendre la vie; et comment exprimer ce poison, c'est ce que j'ignore. Tout ce que je puis faire, c'est d'appliquer sur la blessure des herbes qui diminueront les souffrances. Le malade recouvrera ses sens; mais le venin corrompra toute la masse du sang, et dans trois jours le Père Ambrosio ne sera plus ».

Cet arrêt pénétra de douleur tous les assistans. Pablos, comme il venait de le

promettre, pansa la main ; et se retira
suivi de tous ses compagnons. Rosario seul
resta dans la cellule , ayant obtenu , á
force de prières, que le Prieur fût confié
á ses soins. La violence du délire avait
épuisé les forces du Père Ambrosio , et il
venait de tomber dans un accablement si
profond, qu'á peine donnait-il quelques signes de vie ; il était encore dans cet état ,
lorsque les Moines, après quelques heures, revinrent pour savoir s'il y avait du
changement. Pablos défit l'appareil , plus
par curiosité, que par la moindre espérance de découvrir quelque symptôme favorable. Quelle fut sa surprise, en voyant
que l'inflammation s'était entièrement dis-
sipée ! Il sonda de nouveau la blessure, et
la pointe de la lancette en sortit pure ; la
main n'offrit plus de traces de poison , et
sans la marque de la sonde Pablos aurait
á peine retrouvé la place du mal.

Il informa ses Frères de ce changement
inespéré ; leur joie fut grande et leur surprise ne le fut pas moins. Mais ils cessè-
rent bientôt de s'étonner de cet événement
en lui donnant une explication conforme á
leurs idées. Persuadés depuis long-temps
que leur Prieur était un saint , ils trouvèrent très-naturel que Saint Dominique
eût opéré un miracle en sa faveur. Cette
opinion fut adoptée unanimement ; ils

9..

crièrent au miracle, et crièrent si haut, que le Père Ambrosio s'éveilla. Aussitôt les Moines entourèrent son lit, et lui exprimèrent toute leur joie de cette guérison miraculeuse. Il était entièrement revenu á lui, et de ses douleurs, il ne lui restait qu'un sentiment de langueur et de faiblesse. Pablos lui donna une potion restaurante, et lui conseilla de garder le lit pendant deux jours; il se retira ensuite, en le priant de ne point parler, de crainte qu'il ne s'épuisât davantage, et de tâcher de prendre quelque repos. Les autres Frères suivirent Pablos, et laissèrent le Prieur seul avec Rosario.

Pendant quelques minutes, Ambrosio considéra son aimable garde avec des yeux où se peignaient tout-á la fois le plaisir et la crainte. Elle était assise près du lit, la tête penchée, et comme á l'ordinaire, enveloppée dans son capuchon.

« Vous êtes toujours ici, Matilde ! dit enfin le Moine. N'êtes-vous pas contente de m'avoir conduit si près du tombeau, qu'il a fallu un miracle pour me sauver la vie ? Ah ! sûrement, le ciel avait envoyé ce serpent pour punir.... ».

Matilde l'interrompit en mettant ses doigts sur ses lèvres d'Ambrosio avec un air de gaîté.

« Silence ! mon Père, silence ! Il vous est prescrit de vous taire ».

« Celui qui m'a imposé cet ordre, ne savait pas de quel intéressant sujet j'avais á vous parler ».

« Mais je le sais, moi, et je vous réitère le même commandement. On m'a chargée d'être votre garde, et vous ne devez pas me désobéir ».

« Vous êtes bien joyeuse, Matilde ».

« Comment ne la serais-je pas ? Je viens de goûter un plaisir au-dessus de tout ce que j'ai jamais senti ».

« Quel plaisir » ?

« Je dois le cacher á tout le monde, et surtout à vous ».

« Et surtout á moi ! Non, non, Matilde, je vous conjure ».

« Paix donc, vous ne devez pas parler ; mais comme vous me semblez peu disposé à dormir, je vais tâcher de vous distraire avec ma harpe ».

« Comment ! vous savez la musique. Vous ne me l'aviez pas dit ».

« Oh ! je ne suis qu'une écolière. Mais comme le silence vous est prescrit pour quarante-huit heures, peut-être parviendrai-je á vous récréer un peu, quand vos méditations vous auront fatigué. Je vais chercher ma harpe ».

Elle revint bientôt. « A présent, mon

Père, que chanterai-je? Voulez-vous entendre la ballade du galant Durandarte, lequel mourut á la fameuse bataille de Roncevaux?

« Tout ce qu'il vous plaira, Matilde ».

«Oh! ne m'appelez point Matilde. Appelez-moi Rosario; appelez-moi votre ami. Voilà les noms que j'aime á entendre de votre bouche. Ecoutez maintenant ».

Elle s'assit devant sa harpe, et après avoir préludé quelques instans avec un goût exquis et qui prouvait un talent consommé, elle joua un air tendre et plaintif. Ambrosio qui l'écoutait, sentit son accablement se dissiper, et une mélancolie douce et bien moins fatigante se répandre dans ses esprits. Tout-á-coup Matilde change de mouvement. D'une main hardie et rapide, elle fait entendre des sons belliqueux, et chante la ballade suivante, sur un air à la fois simple et touchant.

# DURANDARTE ET BÉLERMA.

## RÉCITATIF.

Plaine de Roncevaux, funeste à des guerriers
Plus braves que les fils de Rome et de Sparte,
   Tu vis périr l'honneur des chevaliers,
   Le courageux et galant Durandarte !
   En mourant, ce jeune héros
   Fit entendre ces derniers mots :

***

   Vous que j'adorai si long-temps,
   Vous, hélas ! que pendant sept ans
   Mes soins n'avaient point attendrie,
   Bélerma, quel cruel destin !
   Votre cœur se rendait enfin,
   Vous m'aimez... et je perds la vie !

   Qu'il est horrible ce trépas !
   Bélerma, je ne pleure pas
   Ma carrière trop tôt finie,
   Ou mes honneurs, ou mon printemps....
   Vous seule, en ces tristes instans
   Me faites regretter la vie !

   Toi, le plus cher de mes parens,
   A qui, dès mes plus jeunes ans,
   Mon ame fut toujours unie,
   Ah ! je t'entends et je te voi !
   Montésinos ! auprès de toi
   J'aurais, du moins, fini ma vie !

   Aujourd'hui même à Bélerma
   Porte mon cœur.... dis-lui, voilà
   L'autel où vous fûtes chérie.
   Votre sourire ou vos dédains

Causèrent seuls tous les chagrins
Et tous les plaisirs de sa vie.

Tendre ami, reçois mes adieux.
Un voile s'étend sur mes yeux,
Et la voix même m'est ravie.
De l'amour et de l'amitié
Que les prières... la pitié
Me suivent dans une autre vie.

C'en est fait ; le héros n'est plus.
O vœux ! ô regrets superflus !
Son cousin l'embrasse, et s'écrie :
« Maures, désormais respirez !
« Vous, Chrétiens, désormais pleurez !
« Durandarte a perdu la vie.

« Nul ne l'égalera jamais.
« Fier aux combats, et dans la paix
« Aussi doux que sa douce amie....
« Pourquoi suis-je seul échappé ?
« Pourquoi la main qui t'a frappé
« M'a-t-elle donc laissé la vie » ?

Il saisit son cœur en tremblant,
Puis, il forme à ce corps sanglant
Une tombe de fleurs garnie.
Gloire à l'honneur des chevaliers !
Couvrons de pleurs et de lauriers
Sa mort aussi bien que sa vie.

Tandis qu'elle chantait, le Père l'écoutait avec délices. Jamais son oreille n'avait
entendu une voix plus mélodieuse ; il s'é-
tonnait que des sons si divins pussent ne
pas appartenir aux anges. Mais tout en se
livrant au plaisir d'endre, un simple re-

gard le convainquit bientôt qu'il ne devait pas de même se livrer au plaisir de voir. L'aimable chanteuse était assise á quelque distance du lit, penchée sur sa harpe ; son attitude était remplie d'aisance et de grâces : son capuchon moins avancé qu'á l'ordinaire, laissait apercevoir deux lèvres de corail, appétissantes et fraîches comme la roses, et un menton dont la fossette semblait recéler mille amours : les longues manches de son habit auraient pu traîner sur les cordes de la harpe : pour prévenir cet inconvénient, elles les avait relevées au-dessus du coude, et l'on voyait un bras dont la peau lisse et fine égalait la neige en blancheur. Ambrosio n'osa la regarder qu'une fois ; mais ce regard suffit pour lui apprendre de quel danger était pour lui la présence de cet objet. Il ferma les yeux ; mais en vain il voulait l'éloigner de ses idées ; toujours elle se représentait á lui, belle de tous ses charmes et de mille autres que lui prêtait son imagination enflammée. Les appas qu'il avait vus, il se les retraçait pour les embellir encore. Ceux qui étaient restés cachés, son esprit les lui peignait mille fois plus ravissans ; mais ses vœux et la nécessité d'y être fidèle, n'étaient pas moins présens á sa mémoire. Il combattait ses désirs et frémissait, en voyant la profondeur de l'abîme ouvert devant lui.

Matilde cessa de chanter; le Père craignant l'effet de ses charmes, resta les yeux
fermés, adressant á Saint Dominique des
prières ardentes pour obtenir son secours
dans cette dangereuse épreuve. Matilde
crut qu'il dormait; elle se leva doucement,
s'approcha du lit, et pendant quelques
minutes, le considéra attentivement.

« Il dort! dit-elle enfin á voix basse (mais
Ambrosio ne perdit aucun mot); je puis
donc, á présent, le regarder, sans me re-
procher ce plaisir. Je puis mêler mon ha-
leine avec la sienne; je puis contempler
chacun de ces traits que j'adore, sans qu'il
m'accuse de vouloir l'égarer. Il craint que
je le séduise, que je ne lui fasse violer ses
vœux. Oh, quelle injuste crainte! Si j'a-
vais pour but d'allumer ses désirs, pren-
drais-je tant de soin pour lui cacher mon
visage, mes mains, mes bras, toute ma
personne...» ?

Elle s'arrêta, comme perdue dans ses
réflexions.

«Hier encore, reprit-elle, hier encore,
je lui étais chère; il m'estimait, et mon
cœur était content. A présent, hélas! á
présent, que ma situation est cruellement
changée! Il me regarde avec défiance; il
m'ordonne de le quitter, de le quitter pour
jamais. Oh! vous, mon idole, vous qui
êtes dans mon ame, á côté de Dieu même,

encore deux jours, et vous connaîtrez mon
cœur tout entier. Que n'avez-vous pu voir
quelles étaient mes angoisses, quand on désespérait de vos jours ? que n'avez-vous pu
voir combien vos souffrances avaient aug-
menté ma tendresse ! Mais le moment approche, où vous serez convaincu que ma
passion était pure et désintéressée. Alors
vous me plaindrez, et vous supporterez
seul tout le poids de ces cruels chagrins».

En parlant ainsi, ses pleurs coulèrent en
abondance ; et comme elle était penchée
sur Ambrosio, une larme lui tomba sur la
joue. «O ciel ! si j'avais interrompu son
sommeil», s'écria Matilde, en s'éloignant
avec autant de précipitation que de crainte.

Sa crainte n'était pas fondée. Les dor-
meurs les plus opiniâtres sont ceux qui ne
veulent pas s'éveiller, et tel était le Père ;
il paraissait toujours enseveli dans un repos, dont chaque instant le rendait moins
capable de jouir. Cette larme brûlante
avait porté un nouveau feu dans son cœur.

« Quelle affection, quelle pureté ! se disait-il à lui-même. Ah ! puisque mon ame
est si sensible à l'amitié, que serait-ce
donc, si elle était agitée par l'amour » ?

Matilde s'était retirée à quelque distance
du lit. Le Moine se hasarda d'ouvrir les
yeux et de les porter sur elle en tremblant ;
elle avait le visage tourné de l'autre côté ;

sa tête était languissamment appuyée sur
sa harpe; ses yeux fixés sur le tableau qui
faisait face au lit du Père.

« Heureuse, heureuse image! disait-elle,
en s'adressant à la belle Madone, c'est à
vous qu'il offre ses prières, c'est vous qu'il
contemple avec admiration. Je me flattais
que vous adouciriez mes chagrins, et vous
n'avez servi qu'à les augmenter ; vous m'a-
vez fait sentir que, si j'avais connu Ambrosio avant que ses vœux fussent prononcés,
Ambrosio et le bonheur auraient pu être
mon partage. Avec quel plaisir il regarde
cette peinture! Avec quelle ferveur il pré-
sente ses hommages à ce portrait inanimé!
Ah! si ses sentimens lui étaient inspirés
par quelque bon et secret génie, favorable
à mon amour! Si c'était l'instinct de la
nature qui lui dit tout bas... Taisez-vous
folles et vaines espérances ; n'encouragez
point une idée qui ternirait tout l'éclat des
vertus d'Ambrosio. C'est la religion, et
non la beauté, qui attire son admiration;
ce n'est pas devant la femme, c'est devant
la divinité qu'il fléchit le genou. Oh! si
seulement il m'adressait une des tendres
expressions qu'il prodigue à cette Madone!
S'il me disait que, sans le mariage qui le
lie à l'église, il n'aurait pas méprisé Matilde! J'aime à nourrir cette idée : peut-
être pourra-t-il avouer aussi qu'il sent

pour moi plus que de la pitié, et qu'une affection telle que la mienne aurait mérité du retour. Peut-être daignera-t-il faire cet aveu, quand il me verra sur mon lit de mort; il ne craindra plus alors de manquer à ses devoirs, et la certitude de ses sentimens pour moi adoucira mes derniers momens. Que n'en suis-je sûre ! Avec quelle ardeur je désirais l'instant de ma dissolution ».

Le Prieur ne perdit pas une syllabe de ce discours: le ton dont ces derniers mots furent prononcés lui percèrent le cœur, et soulevant sa tête involontairement,

« Matilde ! s'écria-t-il d'une voix troublée; oh ! ma chère Matilde » !

Matilde tressaillit et se tourna vers lui. La promptitude de son mouvement fit tomber son capuchon. Sa tête resta découverte, et son visage entièrement visible aux yeux du Moine. Quelle fut la surprise d'Ambrosio, en y trouvant une ressemblance parfaite avec la Madone qu'il admirait ! Les mêmes proportions exquises dans les traits la même profusion de cheveux dorés, les yeux célestes, les lèvres de rose, la grâce, la majesté, tous les mêmes charmes brillaient dans Matilde ! Il jeta un cri d'étonnement et retomba sur son oreiller, doutant si l'objet qu'il voyait était une mortelle ou une divinité.

Matilde parut pénétrée de confusion. Elle resta sans mouvement á la place où elle était; sa harpe lui servait d'appui. Ses yeux étaient baissés vers la terre, et ses belles joues couvertes d'une douce pudeur. En revenant à elle, son premier soin fut de cacher son visage; ensuite d'une voix faible et tremblante, elle adressa au Moine ces paroles :

« Le hasard vient de vous apprendre un secret que je n'aurais osé vous révéler qu'á l'instant de ma mort. Oui, Ambrosio, vous voyez dans Matilde de Villanegas l'original de votre Madone bien-aimée. Dès que cette malheureuse passion se fût allumée dans mon cœur, je formai le dessein de vous faire parvenir mon portrait. Le nombre de mes adorateurs m'avait persuadée que je possédais quelque beauté, et je brûlais de savoir quel serait son effet sur vous. Je me fis peindre par Martin Galuppi, célèbre Vénitien actuellement résidant à Madrid. La ressemblance était frappante. J'envoyai son ouvrage á votre monastère comme un tableau qu'on voulait vendre, et le Juif qui le porta était un de mes émissaires. Vous achetâtes ce portrait. Jugez de mes transports de joie, quand je sus que vous l'aviez considéré avec délices, ou plutôt avec adoration; que vous l'aviez placé dans votre cellule, et que vous

n'adressiez vos prières à aucun autre Saint!
Ce que vous venez d'apprendre, pourrait-
il augmenter votre défiance à mon égard?
N'y voyez-vous pas, au contraire, une
preuve de la pureté de mon affection, un
motif puissant pour me souffrir auprès de
vous, pour m'estimer davantage. Je vous
ai entendu, chaque jour, combler d'éloges mon portrait. J'étais moi-même témoin des transports que vous causait sa
beauté; et cependant j'ai eu sur moi assez
d'empire pour ne pas tourner contre votre
vertu les armes que vous me fournissiez
vous-même. Je vous cachai ces traits, que
vous aimiez sans le savoir. Je me défendis
de la tentation d'exciter vos désirs en vous
montrant mes charmes, et de m'emparer
de votre cœur par le moyen de vos sens.
Une assiduité soutenue aux devoirs de la
religion, mille petits soins que le cœur
rend si doux et qui vous prouvaient la pureté de mon ame et la sincérité de mon
attachement, voilà les seules armes que
j'employai pour obtenir vos regards et mé-
riter votre tendresse. Je réussis, je devins
votre compagnon, votre ami. Je vous lais-
sai ignorer mon sexe; et si vous ne m'a-
viez pressée de vous révéler mon secret, si
je n'avais été tourmentée de la crainte que
le hasard ne le trahit malgré moi, vous
ne m'auriez jamais connue que sous le nom

de Rosario. Etes-vous toujours dans la résolution de m'éloigner de vous ? Le peu
d'heures qui me restent á vivre , ne pour-
rai-je les passer en jouissant de votre présence? Oh ! répondez-moi , Ambrosio ;
dites-moi que je puis rester ».

La fin de ce discours força le Moine de
se recueillir , et il sentit fort bien que ,
dans la disposition actuelle de son ame, il
ne pouvait se soustraire au pouvoir de
cette enchanteresse, qu'en cessant de la
voir ou de l'entendre.

« L'étonnement où je suis, lui dit-il , me
rend en ce moment incapable de vous répondre. N'insistez pas , Matilde , sur une
décision de ma part ; laissez-moi à moi-
même , j'ai besoin d'être seul ».

« Je vous obéis, mais promettez-moi de
ne pas exiger que je m'éloigne du monastère sur-le-champ ».

« Matilde, pensez á votre situation , et
aux conséquences d'un plus long séjour ici.
Notre séparation est indispensable , il faut
nous quitter ».

« Mais pas aujourd'hui , mon Père : oh !
de grâce , que ce ne soit pas aujourd'hui ».

« C'est me presser trop vivement ; mais
je ne puis résister au ton dont vous me
priez. Je consens que vous demeuriez ici le
temps nécessaire , en quelque façon, pour
préparer nos Frères á votre départ; restez

encore deux jours , mais le troisième (il soupira malgré lui), souvenez-vous que le troisième jour doit vous voir partir pour jamais ».

Elle saisit la main du Père, et la pressa de ses lèvres.

« Le troisième jour ! s'écria-t-elle d'un ton grave ; vous avez raison , mon Père , vous avez raison , le troisième jour sera celui d'un éternel adieu ».

Ces mots furent accompagnés de regards tellement douloureux et sinistres , que le cœur du Moine en fut pénétré. Elle lui baisa la main une seconde fois , et sortit de la chambre avec précipitation.

Resté seul , tantôt Ambrosio cherchait des raisons qui pussent l'autoriser á retenir cette dangereuse hôtesse , tantôt sa conscience lui reprochait une infraction aux lois de son ordre : mille passions opposées agitaient son ame. A la fin, son attachement pour le feint Rosario , joint aux suggestions d'un tempérament plein de feu , commença á l'emporter , et la victoire ne fut plus douteuse , dès que la présomption, le vice dominant du caractère d'Ambrosio, fut venue au secours de Matilde. Le Moine fit réflexion qu'il y avait bien plus de mérite á vaincre son tempérament qu'à éviter d'avoir à le combattre , et qu'au lieu de s'alarmer , il devait saisir avec joie une

si belle occasion de prouver la force de
son ame et de sa vertu. Saint Antoine avait
bien résisté à toutes les séductions du plaisir. Pourquoi lui-même craindrait-il d'ê-
tre plus faible? D'ailleurs, Saint Antoine
avait á lutter contre le diable, et tout son
art, et tous ses efforts pour le tenter;
tandis que lui, Ambrosio, n'avait à redou-
ter qu'une simple mortelle timide, mo-
deste, et qui ne tremblait pas moins que
lui de succomber.

« Oui, se disait-il; l'infortunée peut
rester, je n'ai rien à craindre de sa présence; et quant, par moi-même, je ne
serais pas assez fort contre la tentation, je
trouverais un appui dans l'innocence de
Matilde ».

Ambrosio ne savait pas encore que,
même pour les cœurs corrompus, le vice
n'est jamais plus dangereux que quand il
se cache sous le masque de la vertu.

Il se sentit si parfaitement remis, que,
lorsque le Père Pablos vint le voir dans la
soirée, il lui demanda la permission de
quitter sa chambre le lendemain; ce qui
lui fut accordé. Le reste du jour, Matilde
ne parut pas devant lui, si ce n'est avec
tous les autres Moines, au moment où ils
vinrent en corps s'informer de la santé de
leur Prieur. Elle semblait craindre de lui
parler en particulier, et ne restait dans la

chambre que quelques minutes. Le Père
dormit fort bien, mais il retrouva tous ses
songes de la nuit dernière , et des sensations de volupté encore plus vives et plus
exquises ; les mêmes visions , qui avaient
enflammé son sang , se retracèrent devant
lui ; ses yeux revirent Matilde dans tout
l'éclat de ses charmes, Matilde tendre et
passionnée , le pressant contre son sein et
le couvrant des plus ardentes caresses. Ces
vaines images disparurent encore , et le
laissèrent , au réveil , plein de honte et
d'effroi.

Le jour commençait á paraître. Fatigué,
épuisé par ces rêves incendiaires , il ne se
sentit pas en état de quitter son lit , et fit
dire qu'il n'irait pas á matines : c'était la
première fois de sa vie qu'il s'en était dis-
pensé. Il se leva tard , et n'eut, pendant
une grande partie du jour , aucune occasion de parler á Matilde sans témoins ; sa
cellule fut continuellement remplie de
Moines qui, tour-à-tour, venaient lui exprimer leurs inquiétudes sur sa santé, jusqu'au moment où la cloche les appela tous
au réfectoire.

Après le dîner , les Moines se sépare-
rent, et se répandirent dans les différentes
allées du jardin , où l'ombre des arbres et
le silence des bosquets leur offraient des
asyles commodes pour faire la Sieste. Le

Prieur s'achemina du côté de l'Hermitage,
et d'un coup-d'œil invita Matilde à l'accompagner ; Matilde obéit , et le suivit en
silence. Ils entrèrent dans la grotte , et s'y
assirent : tous deux semblaient dans un
égal embarras : aucun des deux ne paraissait vouloir entamer la conversation. A la
fin , le Prieur rompit le silence ; il ne parla
que de sujets indifférens , et Matilde répondit sur le même ton ; on eût dit qu'elle
voulait lui faire oublier qu'il eût devant
lui quelqu'autre personne que Rosario.
Aucun des deux n'osa et ne désira même
en venir au sujet qui leur tenait le plus au
cœur.

Matilde tâchait de paraître gaie , mais
ses efforts étaient visibles. Le poids du chagrin l'accablait ; sa voix était faible et lan-
guissante ; elle semblait pressée de finir un
entretien qui l'embarrassait, et se plaignant
de n'être pas bien , elle demanda au Prieur
la permission de se retirer. Il l'accompa-
gna jusqu'à la porte de sa cellule, et là , il
s'arrêta en lui déclarant qu'il consentait à
l'avoir pour compagne de sa solitude ; tant
qu'elle le trouverait agréable.

Matilde ne donna aucun signe de joie en
recevant cette permission, quoique la veille
elle eût paru si empressée de l'obtenir.

« Hélas ! mon Père , dit-elle en remuant
la tête d'un air triste , ce consentement

arrive trop tard , mon sort est fixé ; il
faut que nous nous séparions pour jamais ;
cependant croyez que je sens vivement
cette généreuse condescendance , cette
pitié de votre part , pour une infortunée
qui n'en est que trop peu digne ».

Elle mit son mouchoir devant ses yeux,
et comme son capuchon était á moitié en-
tr'ouvert , Ambrosio remarqua qu'elle
était pâle et abattue.

« Bon Dieu ! s'écria-t-il, vous n'êtes pas
bien en effet, Matilde , et je vais sur-le-
champ vous envoyer le Père Pablos ».

« Non , n'en faites rien ; je suis malade ,
il est vrai, mais il ne peut rien á mon mal.
Adieu , mon Père ; demain souvenez-vous
de moi dans vos prières , tandis que je me
souviendrai de vous dans le ciel ».

Elle entra aussitôt dans sa cellule , et
en ferma la porte.

Le Prieur se hâta de lui envoyer Pablos,
dont il attendit le rapport avec impatience;
mais Pablos revint bientôt , et lui dit que
sa peine avait été perdue ; que Rosario
n'avait point voulu le laisser entrer, et qu'il
avait positivement refusé ses secours. Ambrosio fut vivement affecté de ce récit ;
cependant il pensa que , pour cette nuit, il
valait mieux ne pas presser Matilde davantage, ajoutant que si Rosario n'était pas

mieux le lendemain matin, il insisterait pour que le Père Pablos fût appelé.

Pour lui, se sentant peu disposé á dormir, il ouvrit sa fenêtre, et se mit á considérer la réflexion de la lune sur le petit ruisseau qui baignait les murs du monastère. La fraîcheur et le silence de la nuit inspirèrent á Ambrosio des idées mélancoliques. Il songea aux charmes et à la tendresse de Matilde, aux plaisirs qu'il aurait pu partager avec elle, s'il n'était retenu par les liens monastiques ; il se dit que l'amour de Matilde pour lui n'étant pas soutenu par l'espérance, ne pouvait pas durer long-temps ; que sans doute elle réussirait à éteindre sa passion, et qu'elle irait chercher le bonheur dans les bras de quelqu'autre plus fortuné ; il frémit en pensant au vide que l'absence de Matilde laisserait dans son cœur. La vie du couvent lui parut monotone et fastidieuse ; il soupira, et jeta un œil d'envie sur le monde, dont il était pour jamais séparé. Telles étaient ses réflexions, lorsqu'on frappa rudement á sa porte. Déjá la cloche de l'église s'était fait entendre. Empressé de savoir ce qui pouvait interrompre l'ordre et le silence du monastère, le Prieur ouvrit la porte, et un Frère entra, avec le trouble et l'effroi dans les yeux.

« Hâtez-vous, mon révérend Père, s'é-

cria-t-il , hâtez-vous pour le jeune Rosario ; il demande instamment à vous voir ;
il n'a que peu de momens á vivre ».

« Dieu de miséricorde! où est le Père
Pablos? Pourquoi n'est-il pas avec lui ?
Oh! je crains , je crains..... ».

« Le Père Pablos l'a vu , mais son art
n'y peut rien. Il soupçonne , dit-il, que le
jeune homme est empoisonné ».

« Empoisonné ! Ah , l'infortuné ! voilà
ce que je craignais aussi. Mais ne perdons
pas un moment ; peut-être est-il encore
temps de le sauver ».

Il dit, et courut à la cellule de Matilde.
Il y trouva beaucoup de Moines, et parmi
eux le Père Pablos , tenant á la main un
breuvage qu'il voulait persuader à Rosario
de prendre. Les autres s'occupaient á admirer sa figure céleste , qu'ils voyaient pour
la première fois. Jamais , en effet, Matilde
n'avait paru plus aimable; ses joues, na-
guères pâles , étaient couvertes d'un rouge
éclatant ; ses yeux brillaient d'une douce
sérénité, et tout en elle exprimait la confiance et la résignation.

« Oh ! ne me tourmentez pas davantage,
disait-elle à Pablos, au moment où le Prieur
effrayé se precipita dans sa cellule ; mon
mal est bien au-dessus de toute votre
science , et je ne veux pas en guérir ». Puis
apercevant Ambrosio: « Ah ! c'est lui,

dit-elle; que je le voie encore une fois
avant de le quitter pour toujours. Laissez-
moi, mes Frères, j'ai á parler á ce saint
homme en particulier ».

Les Moines se retirèrent aussitôt, et
Matilde resta seule avec le Prieur.

« Femme imprudente, qu'avez-vous fait?
s'écria celui-ci, quand il ne vit plus personne dans sa cellule. Dites-moi, ce que je
soupçonne est-il fondé? suis-je au moment
de vous perdre? votre main même aurait-
elle été l'instrument de votre destruction»?

Elle sourit, et prit la main d'Ambrosio.

« En quoi ai-je été imprudente, mon
Père? J'ai sacrifié une paille pour sauver
un diamant. Ma mort conserve une vie
précieuse au monde, et qui m'est bien plus
chère que la mienne. — Oui, mon Père,
je suis empoisonnée, je le sais; mais d'un
poison qui a circulé dans vos veines ».

« Matilde » !

« Cet aveu, j'avais résolu de ne le faire
que sur mon lit de mort. Ce moment est
arrivé. Vous ne pouvez avoir déjá oublié
le jour où votre vie fut mise en péril par
la morsure d'un mille-pieds. Le médecin
désespérait de vous, déclarant qu'il igno-
rait les moyens d'exprimer le poison de
votre blessure: j'en savais un, moi, et je
n'ai pas hésitai d'èn faire usage. On m'a-
vait laissée seule auprès de vous: vous

dormiez : je détachai l'appareil qui enveloppait votre main , je baisai la blessure , et avec mes lèvres j'en suçai le venin. L'effet en a été plus prompt que je ne m'y attendais. Je sens que la mort est dans mon sein ; encore une heure , et j'aurai passé dans un monde plus heureux ».

« Dieu tout-puissant » ! s'écria le Prieur, et il tomba sur le lit sans force et sans mouvement.

Quelques minutes après , il se retire brusquement , et regarde Matilde d'un œil égaré , avec l'air du désespoir.

« Et vous vous êtes sacrifiée pour moi ! Vous mourez, et c'est pour conserver Ambrosio ! Et n'y a-t-il aucun remède , Matilde ? n'y a-t-il plus d'espérance ? Oh ! répondez , répondez-moi ; dites qu'il vous reste encore quelque moyen de vous sauver » ?

« Rassurez-vous, mon unique ami ! Oui, j'ai encore en mon pouvoir le moyen de vivre ; mais ce moyen ; je n'ose l'employer il est dangereux, il est effrayant ! ce serait acheter la vie plus cher qu'elle ne vaut.— A moins qu'il ne me fut permis de vivre pour vous ».

« Eh bien ! vivez pour moi, Matilde , pour moi et pour la reconnaissance » (Il saisit sa main , et la pressa sur ses lèvres avec transport.) «Rappelez-vous notre der-

nier entretien ; á présent je consens à tout.
Rappelez-vous de quelles vives couleurs
vous avez peint l'union des ames ; réalisons
cette douce image ; oublions toute différence de sexe , méprisons les préjugés du
monde ; ne voyons tous deux , dans chacun
de nous , qu'un frère , qu'un ami. Vivez
donc , Matilde , et vivez pour moi ».

« Ambrosio , les choses ne peuvent être
ainsi : quand je le croyais, je vous trompais , je me trompais moi-même. Il faut
que je meure , ou du poison que j'ai pris ,
ou de l'affreux tourment de combattre toujours mon désir. Depuis le consentement
que vous m'avez accordé , le bandeau s'est
détaché de mes yeux. Je vous aime , non
plus avec la dévotion que l'on doit á un
saint , non plus pour les seules vertus de
votre ame, mais pour les charmes de votre
personne. Je ne suis plus qu'une faible femme , livrée á la plus impétueuse des passions. Vous me promettez votre amitié! O
ciel ! que ce mot est froid pour mon cœur,
pour ce cœur qui brûle d'amour , d'un
amour qu'aucune expression ne saurait
peindre , et que l'amour seul peut payer !
Tremblez donc, Ambrosio , tremblez d'ê-
tre exaucé dans vos prières. Si je vis , c'en
est fait de vos devoirs , de votre réputation , de vos trente années de vertu et de
sacrifices; tout ce qui vous est cher et pré-

cieux sera perdu pour jamais. Je ne me sentirai plus la force de résister á mon cœur ; je saisirai toutes les occasions d'enflammer le vôtre ; je finirai par consommer notre déshonneur á tous deux. Non , non , Ambrosio , je ne dois pas vivre ; je sens á chaque battement de mon cœur qu'il n'y a plus pour moi qu'une alternative.... le bonheur ou la mort» !

« Qu'entends-je, Matilde ? est-ce bien vous qui me parlez » ?

Il fit un mouvement comme pour s'éloigner d'auprès d'elle. Elle poussa un cri perçant, et se levant á moitié hors de son lit , elle jeta ses bras autour du Moine, et le retint.

«Oh ! ne me quittez pas ! écoutez-moi avec compassion ; dans peu d'heures je ne serai plus ; dans peu d'heures je n'aurai plus á rougir de ce malheureux amour ».

« Dangereuse femme ! que puis-je vous dire? Je ne peux. — je ne dois pas.—Mais vivez, Matilde, ah ! vivez ».

«Songez-vous bien á ce que vous demandez ? Que je vive, moi , pour vous plonger dans l'infamie, pour devenir , auprès de vous, un instrument de perdition ; pour opérer votre ruine et la mienne ? Touchez ce cœur, mon Père ».

Elle prit la main d'Ambrosio. Confus , embarrassé , entraîné par un charme puis-

sant, il ne fit aucune résistance, et il sentit le cœur de Matilde battre vivement
sous sa main.

« Touchez ce cœur, mon Père ; il est
encore le siége de l'honneur et de l'innocence ; demain, s'il est animé, il deviendra
la proie du crime. Laissez-moi donc mourir aujourd'hui, laissez-moi mourir, quand
je mérite encore les larmes de l'homme
vertueux. Oh! que ne puis-je expirer ainsi!
(En disant ces mots, elle appuyait sa tête
sur l'épaule d'Ambrosio, et ses beaux cheveux couvraient la poitrine du Père.) Soutenue dans vos bras, je croirais m'endormir ; votre main fermerait mes yeux, et
vos lèvres recevraient mon dernier soupir.
Et ne penserez-vous pas á moi quelquefois?
n'irez-vous pas quelquefois verser une larme sur ma tombe? Oh ! oui, oui ! ce baiser en est le gage et l'assurance ».

Il était nuit ; le silence régnait autour
d'eux. La faible clarté d'une lampe solitaire donnait sur le visage de Matilde, et
répandait dans la chambre une lumière
sombre et mystérieuse. Point d'œil curieux
á craindre, point d'oreille indiscrète ; rien
ne se faisait entendre que la douce voix de
Matilde. Ambrosio était dans toute la vigueur de l'âge. Il voyait devant lui une
femme jeune et belle qui lui avait sauvé la
vie, qui l'adorait, que son amour pour lui

venait de conduire aux portes du tombeau.
Il s'assit sur le lit , la main toujours posée
sur le cœur de Matilde , et soutenant la
tête de son amante , voluptueusement appuyée sur son sein. Qui donc s'étonnerait
qu'il eût cédé á la tentation ? Enivré de
désirs, il pressa de ses lèvres les lèvres
charmantes qui le cherchaient ; ses baisers devinrent bientôt aussi brûlans que
ceux de Matilde ; il la serra dans ses bras
avec transport ; il oublia ses vœux , la
religion et l'honneur ; il ne se souvint
que du plaisir et du moment.

« Ambrosio ! oh ! mon cher Ambrosio » !
dit Matilde en soupirant.

«A toi, pour jamais á toi» ! balbutia le
Père en expirant sur le sein de Matilde.

# III.

« Ce sont des brigands que tout voyageur doit re-
douter. Il y a parmi eux des jeunes-gens de bonne
famille, que la fougue d'une jeunesse livrée à elle-
même, a éloignés de la compagnie des hommes
d'honneur et soumis aux lois. ».

LES DEUX VÉRONOIS.

LE Marquis et Lorenzo avançaient vers
l'hôtel de Las Cisternas, sans se dire un
seul mot. Le premier était occupé á se
rappeler toutes les circonstances dont le
récit pouvait présenter á Lorenzo, sous le
jour le plus favorable, ses liaisons avec
Agnès : l'autre, alarmé pour l'honneur
de sa famille, n'était pas peu embarrassé
de la manière dont il devait se conduire
avec le Marquis. L'aventure dont il venait
d'être témoin, ne lui permettait pas de le
traiter comme ami ; mais son tendre intérêt pour Antonia ne l'empêchait pas
moins de le traiter comme ennemi ; et
après bien des réflexions, il conclut que
le parti le plus sage était de garder le si-

lence, en attendant que Don Raymond lui
donnât l'explication qu'il désirait.

Ils arrivèrent à l'hôtel ; le Marquis le
conduisit aussitôt á son appartement , et
commença á lui exprimer toute sa joie de
le trouver á Madrid. Lorenzo se hâta de
l'interrompre.

« Excusez-moi, Monsieur, lui dit-il d'un
ton froid , si je ne réponds pas à tout ce
que vous me dites d'obligeant. L'honneur
de ma sœur est compromis; tant que vous
ne m'aurez point éclairci cette affaire et le
but de votre correspondance avec Agnès ,
je ne puis vous regarder comme un ami ;
il me tarde de vous voir entrer dans les
détails que vous m'avez promis ».

« Donnez-moi d'abord votre parole que
vous m'écouterez patiemment et avec indulgence ».

« J'aime trop ma sœur pour la juger avec
précipitation , et jusqu'á ce jour je n'ai pas
eu d'ami qui me fût plus cher que vous. Je
vous avouerai même que vous avez le pouvoir de m'obliger dans un point où mon
cœur est intéressé; ainsi je ne puis que désirer vivement de vous trouver toujours
digne de mon estime.

« Lorenzo , vous me comblez de joie ;
rien ne saurait m'être jamais plus agréable,
que l'occasion de servir le frère d'Agnès ».

« Prouvez-moi que je puisse accepter vos

services sans déshonneur , et il n'y a pas
d'homme au monde á qui j'aimasse mieux
devoir de la reconnaissance ».

« Probablement , vous avez déjá entendu votre sœur parler d'Alphonse d'Alvarada ».

« Jamais ma sœur ne m'en a parlé.
Quoique j'aie pour Agnès toute la tendresse
d'un frère , les circonstances nous ont te-
nus jusqu'ici presque toujours séparés l'un
de l'autre. Dans son enfance , elle fut con-
fiée aux soins de sa tante , qui avait épousé
un gentilhomme allemand. Il n'y a que
deux ans qu'elle a quitté le château de ce
seigneur , et qu'elle est revenue en Espagne , bien déterminée á renoncer au
monde pour jamais ».

« Bon Dieu! Lorenzo , vous connaissiez
son intention , et vous n'avez pas fait tous
vos efforts pour l'en détourner » ?

« Marquis , ce reproche est injuste. La
résolution de ma sœur , dont je reçus la
nouvelle á Naples , m'affligea extrêmement,
et je hâtai mon retour á Madrid , unique-
ment pour prévenir ce triste sacrifice. A
peine arrivé , je courus au couvent de
Sainte-Claire , où Agnès avait désiré d'a-
chever son noviciat. Je demandai à voir
ma sœur. Figurez-vous ma surprise , en
recevant de sa part un refus positif : elle
me fit dire , qu'appréhendant mon influ-

ence sur son esprit , elle ne voulait point
se risquer á m'entendre avant la veille
même du jour où elle devait prendre le
voile ; je suppliai les religieuses , j'insistai
sur la permission de parler á ma sœur; je
n'hésitai pas même á leur laisser voir mes
soupçons sur ce refus de paraître , auquel
on l'avait forcée peut-être. Pour se justifier de cette imputation, l'Abbesse m'en-
voya quelques lignes où je ne pus méconn-
naître l'écriture d'Agnès , et qui confir-
maient le premier message. Les jours sui-
vans, je ne réussis pas mieux dans mes efforts pour me procurer avec elle un moment d'entretien. Elle refusa constamment mes visites, et ne me permit enfin
de la voir que la veille du jour où elle
devait pour jamais s'ensevelir dans le cloître. Cette entrevue eut pour témoins nos
plus proches parens : c'était la première
fois que je la voyais depuis son enfance, et
nous fûmes vivement émus l'un et l'autre;
elle se jetta dans mes bras , et, fondant
en larmes, me prodigua les plus tendres
caresses. Raisons, instances , prières , je
n'oubliai rien pour lui faire abandonner
son projet ; je pleurai, je me jetai á ses
genoux; je lui représentai toutes les peines
inséparables du cloître ; je peignis á son
imagination tous les plaisirs auxquels elle
allait dire un éternel adieu; je la conjurai

de m'ouvrir son cœur, de me confier ce qui avait pu lui inspirer de l'horreur pour le monde. A cette demande, elle pâlit, détourna son visage, et ses pleurs coulèrent avec plus d'abondance. Elle me pria de ne pas insister sur ce point, et cela ne me fit que trop voir que sa détermination était prise, et qu'un couvent était le seul asyle où elle pût espérer du repos. Elle resta inébranlable, et prononça ses vœux. Depuis j'ai été la voir souvent au parloir, et chaque fois je sortais d'auprès d'elle avec de nouveaux regrets de l'avoir perdue. Peu de temps après, il me fallut quitter Madrid ; je n'y suis de retour que d'hier au soir, et je n'ai pas encore eu le temps d'aller au couvent de Sainte-Claire».

« Ainsi vous n'aviez jamais, jusqu'á présent, entendu prononcer le nom d'Alphonso d'Alvarada »?

« Je vous demande pardon : ma tante m'écrivit qu'un aventurier de ce nom avait trouvé moyen de s'introduire au château de Lindenberg, de s'insinuer dans les bonnes grâces de ma sœur, et même de la faire consentir á fuir avec lui ; mais qu'avant l'exécution de ce projet, l'aventurier avait été instruit que des terres, situées dans la nouvelle Espagne, au lieu d'appartenir á Agnès, comme il le croyait, étaient réellement á moi ; que d'après cette information, changeant de dessein, il avait disparu le même jour où il devait fuir avec Agnès, et que celle-ci, désespérée de tant de perfidie et de bassesse, avait résolu de se retirer dans un couvent; elle ajoutait que, cet aventurier s'étant donné pour être un de mes amis, elle désirait savoir s'il était connu de moi. Je lui répondis que je n'avais aucun ami de ce nom; j'étais loin de penser qu'Alphonse d'Alvarada et le Marquis de Las Cisternas fussent la même personne; ce qu'on me disait du premier ne pouvait, en aucune manière, me faire deviner le second ».

« Je reconnais bien là toute la perfidie du caractère de Donna Rodolphe. Chaque mot de cette lettre dont vous me parlez, porte l'empreinte de sa méchanceté, de sa mauvaise foi et de son adresse à présenter sous des couleurs odieuses ceux à qui elle veut nuire; pardon, Médina, si je parle avec cette liberté de votre parente. Tout le mal qu'elle m'a fait justifie mon ressentiment contre elle; et quand vous m'aurez entendu, vous resterez convaincu qu'il n'y a dans mes expressions rien de trop sévère ».

Il commença son récit en ces termes :

## Histoire de Don Raymond, Marquis de Las Cisternas.

UNE longue expérience, mon cher Lorenzo, m'a prouvé combien votre caractère est généreux ; vous venez de me déclarer vous-même que vous aviez ignoré tout ce qui regarde votre sœur ; je n'avais pas besoin de cette assurance pour supposer qu'on vous en avait, á dessein, fait un mystère. Si vous en aviez été mieux instruit, que de chagrins auraient pu être épargnés à votre sœur et à moi ! Le destin en a autrement ordonné. Vous étiez dans le cours de vos voyages quand, pour la première fois, je fis connaissance avec Agnès ; et, comme nos ennemis avaient pris soin de lui cacher le nom des lieux où elle eût pu vous écrire, il lui fut impossible d'implorer, par lettres, votre protection et vos conseils.

En quittant l'Université de Salamanque, où, comme je l'ai su depuis, vous restâtes une année après moi, je me disposai á commencer mes voyages. Mon père pourvut á ma dépense avec beaucoup de générosité : mais il m'enjoignit expressément de cacher mon rang, et de ne me présenter que comme un simple gentilhomme. Cet ordre, il me le donnait par déférence aux conseils de son ami le duc de Villa Hermosa, personnage dont j'avais toujours révéré le mérite et la connaissance parfaite qu'il avait du monde.

« Croyez-moi, mon cher Raymond, disait-il, vous recueillerez par la suite les fruits de cette dégradation passagère. Il est certain qu'en votre qualité de Comte de Las Cisternas, on vous recevrait partout les bras ouverts, et la vanité de votre âge serait flattée des égards qui vous seraient prodigués en tous lieux. En cachant votre nom, vous ne pourrez plus compter que sûr vous-même. Vous avez d'excellentes recommandations, ce sera maintenant votre affaire d'en tirer parti. Il vous faudra prendre la peine de plaire, de gagner l'estime de ceux á qui vous serez présenté. Ceux qui auraient brigué l'amitié du Comte de Las Cisternas, n'auront aucun intérêt á déprécier les bonnes qualités, ou á supporter les défauts d'Alphonso d'Alvarada ; ainsi, lorsque vous parviendrez á vous faire aimer, vous serez sûr de les devoir á votre mérite et non á votre rang, et l'intérêt qu'on vous montrera paraîtra bien plus flatteur. D'ailleurs, votre haute naissance ne vous permettrait pas de vous mêler aux dernières classes de la société ; vous le pourrez sous un autre nom, et vous en tirerez de grands avantages. Ne vous bornez pas á ne voir que les hommes les plus distingués dans tous les lieux où vous passerez : examinez les usages et les mœurs du peuple, entrez dans les chaumières; et, en observant comment les vassaux des autres sont traités, apprenez à diminuer les charges et à augmenter le bien-être des vôtres. Rien, à mon avis, ne peut mieux former un jeune homme destiné á être un jour riche et puissant, que les fréquentes occasions d'être témoin par lui-même des souffrances du peuple. »

Pardonnez-moi, Lorenzo, d'être si minutieux dans mon récit; mais les rapports qui maintenant existent entre nous, exigent que j'entre dans tous ces détails ; et je craindrais si fort d'omettre la plus petite circonstance qui pût vous faire penser favorablement de votre sœur et de moi, que j'aime mieux risquer de vous paraître quelquefois un peu prolixe.

Je suivis le conseil du Duc, et j'en reconnus bientôt la sagesse. Je quittai l'Espagne, prenant le nom d'Alphonso d'Alvarada, et accompagné d'un seul domestique, d'une fidélité éprouvée. Paris fut mon premier séjour. Pendant quelque temps, je fus enchanté de cette ville, où tout est bien propre á séduire un jeune homme riche et passionné pour le plaisir; mais bientôt l'ennui me gagna au milieu de tant de dissipations ; je sentis que quelque chose manquait à mon cœur ; je m'aperçus que le peuple au milieu duquel je vivais, ce peuple si poli, si prévenant, était au fond frivole, peu sensible, et surtout peu sincère. Je n'eus plus que du dégoût pour les habitans de Paris, et je quittai le centre des plaisirs sans y donner un seul regret.

Je me mis en route pour l'Allemagne, me proposant d'y visiter les cours principales. Cependant, avant de quitter la France, je comptais m'arrêter quelques jours á Strasbourg. Comme j'étais descendu de voiture à Lunéville pour prendre quelques rafraîchissemens, je remarquai á la porte du Lion d'argent un brillant équipage et quatre domestiques en riche livrée. Bientôt après, je vis une dame d'un extérieur très-noble, accompagnée de deux femmes-de-chambre, monter dans la voiture, qui partit aussitôt.

Je demandai á l'hôte qu'elle était cette Dame.

« Une Baronne Allemande, Monsieur, d'un rang et d'une fortune considérables ; ses domestiques m'ont dit qu'elle avait été voir la Duchesse de Longueville, et á présent elle se rend á Strasbourg, où elle trouvera son époux ; de-lá ils retourneront tous deux á leur château , en Allemagne ».

Je remontai dans ma chaise , pour arriver le soir á Strasbourg ; je fus trompé dans mon espérance. Au milieu d'une forêt très-épaisse, l'essieu de ma voiture se rompit, et je me trouvai fort embarrassé sur les moyens de continuer ma route. C'était dans le cœur de l'hiver , au commencement de la nuit , et point de ville plus proche que Strasbourg , dont nous étions, au rapport du postillon, encore éloignés de plusieurs lieues. Il me sembla , qu'á moins de passer la nuit dans la forêt , je n'avais d'autre ressource que de prendre le cheval de mon domestique , et de courir jusqu'à Strasbourg ; expédient très-peu agréable dans la saison où nous étions. Cependant, faute de mieux , je me déterminai á prendre ce parti ; je communiquai mon dessein au postillon , et lui dis qu'en arrivant á Strasbourg, je lui enverrais du monde pour le tirer d'embarras. Je ne me fiais pas beaucoup á son honnêteté ; mais comme il était avancé en âge , et Stéphano, mon domestique , bien armé, je crus pouvoir , sans risque, laisser mon bagage.

Par bonheur, du moins je le pensai alors, il se présenta une occasion de passer la nuit plus agréablement que nous n'osions l'espérer. En m'entendant parler de me rendre seul à Strasbourg, le postillon secoua la tête, comme ne paraissant pas approuver mon dessein.

« Il y a bien loin, me dit-il, et vous aurez beaucoup de peine á arriver sans guide ; d'ailleurs Monsieur me semble peu accoutumé à un froid si rigoureux, et il est possible qu'il ne puisse le soutenir ».

« Eh ! qu'ai-je besoin de toutes ces observations? lui dis-je brusquement. C'est surtout en passant la nuit dans ce bois, que je risquerais de périr de froid ».

« Passer la nuit dans ce bois ! répliqua le postillon. Oh ! pardieu, nous n'en sommes pas réduits là. Si je ne me trompe, nous ne devons être qu'á très-peu de distance de la chaumière de mon vieux ami Baptiste ; c'est un Bucheron, bon vivant d'ailleurs. Je ne doute pas qu'il ne vous reçoive pour cette nuit avec plaisir. Moi, pendant ce temps-là, je prendrai le cheval de selle, j'irai á Strasbourg, et j'amènerai avec moi les ouvriers nécessaires pour que votre voiture soit remise en état demain á la pointe du jour ».

Eh ! au nom de Dieu, lui dis-je, comment avez-vous pu si long-temps me laisser en suspens? Pourquoi ne m'avez-vous pas plutôt parlé de cette chaumière » ?

« Je pensais que peut-être Monsieur ne daignerait pas accepter ».

« Allons donc ; quelle folie ! Eh vite , conduisez-nous á la maison du Bucheron».

Il obéit, et nous le suivîmes ; les chevaux parvinrent , non sans peine , á traîner après nous la voiture brisée. Mon domestique était transi de froid , au point de ne pouvoir plus parler ; et moi-même, je n'avais pas moins besoin de me réchauffer. En approchant de la maison , qui nous parut petite, mais propre , je fus enchanté d'apercevoir á travers les vitres l'éclat d'un bon feu. Notre conducteur frappa á la porte, on fut quelque temps sans répondre. On semblait incertain si l'on devait nous ouvrir.

« Allons, allons , ami Baptiste ; cria le Postillon, aussi impatient que nous , que faites-vous donc ? Etes-vous endormi , ou bien voudriez-vous refuser un logement pour cette nuit á un voyageur dont la chaise vient de se casser dans la forêt » ?

« Ah ! est-ce vous, honnête Claude ? répondit une voix qui nous parut celle d'un homme ; attendez un moment, vous allez entrer ».

Aussitôt on tira les verroux , la porte s'ouvrit , et nous vîmes paraître devant nous un homme , tenant une lampe dans sa main ; il fit à notre guide un accueil amical ; puis s'adressant á moi :

« Entrez, Monsieur, entrez, et soyez le bien-venu. Excusez-moi de ne vous avoir pas ouvert tout de suite ; mais il y a tant de coquins dans les environs , qu'avec le respect que je vous dois , je vous soupçonnais d'être de la bande».

En parlant ainsi , il me fit entrer dans la salle où était le bon feu que j'avais aperçu de loin , et me présenta un fauteuil qui était près de la cheminée. Une femme que je supposai être l'épouse de mon hôte, se leva , dès que j'entrai , me reçut avec une révérence froide et contrainte, et sans répondre un seul mot á mes civilités, reprit , en s'asseyant, l'ouvrage auquel elle était occupée. Les manières de son mari étaient aussi prévenantes et ouvertes , que les siennes étaient rudes et repoussantes.

« Monsieur, me dit le Bucheron , je voudrais bien pouvoir vous loger plus convenablement. Cette maison est peu commode , cependant nous ferons de notre mieux pour vous donner deux chambres , une pour vous , l'autre pour votre domestique. Il faudra vous contenter d'une chère peu délicate ; mais tout ce que nous avons, nous vous l'offrons de bon cœur. — Puis se tournant vers sa femme, « Marguerite, pourquoi restez-vous assise , comme si vous n'aviez rien à faire ? Allons , remuez-vous, faites les lits , et préparez-nous à souper. Mettez aussi quelques morceaux de bois dans le feu , car Monsieur meurt de froid ».

Marguerite jeta aussitôt son ouvrage sur la table, et se mit en devoir d'exécuter, mais à regret, les ordres de son mari. Sa figure m'avait déplu dès le premier moment , quoiqu'elle eût tous les traits fort beaux ; mais elle était pâle , sèche et maigre ; son regard sombre et ses manières revêches , tout en elle annonçait un mauvais caractère. Dans chacun de ses mouvemens perçaient le mécontentement et l'impatience, et ses réponses à Baptiste, quand il lui reprochait gaîment de se montrer si peu aimable, étaient aigres , courtes et piquantes. En un mot , dès le premier coup-d'œil je conçus pour elle autant de dégoût , que son mari m'avait inspiré d'estime et de confiance. La figure de Baptiste était franche et ouverte ; ses façons avaient toute la simplicité d'un bon paysan, sans en avoir la rudesse; ses joues étaient pleines , larges et rubicondes ; son embonpoint semblait faire amende-honorable pour la maigreur de son épouse. Les rides de son front me firent juger qu'il pouvait avoir soixante ans ; mais il

portait fort bien son âge, et semblait encore dispos et plein de vigueur. Sa femme
ne devait pas avoir plus de trente ans,
mais en bonne humeur et en vivacité,
elle était beaucoup plus vieille que son
mari.

En dépit de sa mauvaise volonté, Marguerite se mit á préparer á souper, tandis
que Baptiste s'entretenait gaîment avec
moi sur differens sujets. Le Postillon á qui
l'on avait donné quelques verres d'eau-
de-vie, se disposa á partir pour Strasbourg,
et me demanda si je n'avais pas d'autres
ordres à lui donner.

«Partir pour Strasbourg, s'écria Baptiste, vous n'irez pas cette nuit».

«Je vous demande pardon; si je ne vais
pas chercher des ouvriers, comment Monsieur fera-t-il demain pour se remettre en
route » ?

«Oui, vous avez raison; je ne songeais
pas á la voiture. Mais du moins, vous
souperez ici auparavant; cela ne vous re-
tardera pas de beaucoup, et Monsieur me
paraît avoir trop bon cœur pour vous laisser partir avec l'estomac vide, par une
nuit aussi froide ».

Je consentis volontiers à la proposition
de Baptiste, et je dis au Postillon qu'il
m'était assez indifférent d'arriver le lendemain à Strasbourg, une heure plutôt

où plus tard. Il me remercia , et sortant avec Stéphano , il mit ses chevaux dans l'étable du Bucheron. Baptiste les suivit jusqu'á la porte de la chaumière , et là , regardant de tous côtés avec inquiétude :

« Sans doute, s'écria-t-il, c'est ce maudit vent de bise qui retient mes enfans. Je m'étonne qu'ils ne soient pas encore de retour ! Monsieur , j'ai á vous faire connaître deux des plus beaux garçons que vous ayez encore vus ; l'aîné à vingt-trois ans , et le cadet, un an de moins ; vous ne trouveriez pas dans les environs de Strasbourg leurs égaux en bon sens , courage et activité. Ils devraient déjá être ici ; je commence á craindre qu'il ne leur soit arrivé quelque chose ».

Marguerite, pendant ce temps-lá , était occupée à mettre le couvert.

« Et vous, lui dis-je, êtes-vous aussi inquiète pour vos enfans » ?

« Moi ! répondit-elle avec aigreur , ce ne sont pas mes enfans ».

« Allons , allons , Marguerite , dit le mari , n'en voulez pas á Monsieur pour vous avoir fait une question si naturelle ; si vous nous regardiez un peu moins de travers , il n'aurait jamais pensé que vous fussiez d'âge à avoir des enfans de vingt-trois ans ; mais vous voyez combien l'air maussade et rechigné vous vieillit. Excu-

sez l'impolitesse de ma femme, Monsieur;
il faut peu de chose pour la mettre de
mauvaise humeur, et elle est un peu piquée
contre vous de ce que vous lui avez supposé plus de trente ans. C'est la vérité,
n'est-ce pas, Marguerite? — Vous savez,
Monsieur, que les femmes ne plaisantent
jamais sur cet article-là. N'y pensez plus,
Marguerite, et déridez-vous un peu. Si
vos enfans ne sont pas encore aussi âgés,
ils le seront dans une vingtaine d'années,
et j'espère que nous vivrons assez pour les
voir devenir d'aussi braves garçons que
Jacques et Robert».

« Bon Dieu! s'écria Marguerite, en joignant les mains avec transport; bon Dieu!
si je le croyais, je les étranglerais moi-
même ».

Elle quitta aussitôt la chambre et monta
l'escalier.

Je ne pus m'empêcher de témoigner au
Bucheron combien je le plaignais d'être lié
pour la vie á une compagne d'un caractère
si difficile.

«Oh! Monsieur, chacun a sa part de
souffrances dans le monde, et Marguerite
est la mienne. Après tout, elle n'est que
maussade et point méchante; le pire est,
que son affection pour deux enfans qu'elle
a eu d'un premier mari, lui fait haïr mes
deux garçons; elle ne peut supporter leur

vue, et si je l'écoutais , ils ne mettraient jamais le pied dans ma maison ; mais je tiens bon sur ce point, et je ne consentirai jamais á abandonner ces pauvres enfans à la merci du monde , comme elle m'a bien des fois pressé de le faire. Sur tout le reste , je ne la contrarie jamais , et j'avoue qu'elle conduit fort bien mon ménage ».

Nous en étions lá , lorsqu'un grand cri plusieurs fois répété , fit retentir la forêt.

« Ce sont mes enfans, j'espère » ! s'écria Baptiste , et il courut ouvrir la porte.

Nous pûmes alors distinguer le bruit de plusieurs chevaux; et bientôt après une voiture , escortée par quelques hommes à cheval , s'arrêta á la porte de la cabane. Un des cavaliers demanda à quelle distance ils étaient de Strasbourg ; comme il s'était adressé á moi, je lui répondis ainsi que Claude m'avait répondu. Aussitôt une volée d'imprécations tomba sur les postillons , pour s'être ainsi égarés de leur route. Puis on alla informer ceux qui étaient dans la voiture qu'il restait encore beaucoup de chemin à faire , et que , malheureusement les chevaux étaient trop fatigués pour aller plus loin. Ce rapport nous parut faire beaucoup de peine á une Dame , qui nous sembla être la maîtresse des autres ; mais comme il n'y avait point de remède, un des domestiques demanda au Bucheron s'il pouvait les loger pour cette nuit.

Le Bucheron montra beaucoup d'embarras, et répondit que non, ajoutant qu'un Espagnol et son domestique étaient déjà en possession des deux seuls chétifs appartemens qu'il pût donner. Sur cette réponse, la galanterie naturelle á ma nation ne me permit pas de garder pour moi un logement dont une femme avait besoin, et je me hâtai de dire á Baptiste que je cédais tous mes droits á cette Dame. Il fit quelques objections que je n'écoutai pas, et courant á la voiture, j'ouvris la portière, et j'aidai la Dame à descendre. Je la reconnus aussitôt pour la même personne que j'avais vue à l'auberge á Lunéville. Je saisis un moment pour demander son nom á un des domestiques; il me répondit que c'était la Baronne de Lindenberg.

Il me fut aisé de remarquer beaucoup de différence entre l'accueil fait par notre hôte aux nouveaux venus et celui qu'il m'avait fait á moi-même. Sa répugnance á les recevoir était visible, et il eut bien de la peine á prendre sur lui de dire á la Baronne qu'elle était la bien venue. Je la conduisis près du feu, et lui donnai le fauteuil que j'avais occupé. Elle me remer-

cia avec beaucoup de grâces, et me fit
mille excuses de l'embarras où je serais
moi-même. Tout-à-coup la figure du Bucheron s'éclaircit.

« A la fin j'ai tout arrangé, dit-il ; je
puis vous loger vous et votre suite, Madame, sans que Monsieur souffre de sa
politesse. Nous avons deux petites chambres ; l'une sera pour Madame, et l'autre, Monsieur, pour vous. Ma femme
cédera la sienne aux deux femmes-de-
chambre : quant aux domestiques, ils
voudront bien se contenter, pour cette
nuit, d'une grange très-vaste, qui n'est
qu'à peu de distance de la maison ; ils y
trouveront un bon feu ; et un aussi bon
souper qu'il nous sera possible de le leur
donner.

Après beaucoup de remercîmens de la
part de la Baronne, et beaucoup d'oppo-
sition de la part de Marguerite, qui était
peu disposée à céder son lit, on s'en tint à
cet arrangement. Comme la chambre était
petite, la Baronne ne retenant que ses deux
femmes, congédia les autres domestiques;
et Baptiste se disposait à les conduire à la
grange dont il avait parlé, quand ses deux
fils, Jacques et Robert, parurent à la porte
de la maison.

« Mort et furies ! dit le premier en re-
culant

culant quelques pas ; Robert, la maison est pleine d'étrangers ».

« Ah ! ce sont mes enfans ! s'écria notre hôte. Eh bien ! Jacques, Robert, pourquoi n'entrez-vous pas ? il reste assez de place pour vous, garçons »..

A ces mots, les deux jeunes gens entrèrent. Leur père les présenta á la Baronne et á moi ; ensuite il conduisit nos domestiques á la grange, tandis que Marguerite mena les deux femmes-de-chambre, qui venaient de l'en prier, á l'appartement destiné à leur maîtresse.

Les deux nouveaux venus étaient grands, robustes et bienfaits, les traits durs et le teint hâlé. Ils nous firent leurs complimens en peu de mots, et traitèrent Claude, qui venait d'entrer, comme une ancienne connaissance. Ensuite ils se débarrassèrent chacun de leur manteau, ainsi que d'un baudrier de cuir, auquel était suspendu un large coutelas, et tirèrent de leur ceinture une paire de pistolets qu'ils posèrent sur une table.

« Vous marchez bien armés, leur dis-je ».

« Il est vrai, Monsieur, répondit Robert. Nous avons quitté Strasbourg assez tard, et il est nécessaire de prendre des précautions pour traverser de nuit la forêt : elle n'a pas une bonne réputation, je vous assure ».

« Comment! dit la Baronne, est-ce qu'il y a des voleurs » ?

« On le dit, Madame. Pour moi, j'ai passé dans le bois á toute heure, et je n'en ai jamais rencontré ».

Marguerite revint en ce moment : ses beaux-fils l'entraînèrent á l'extrémité de la chambre, et chuchotèrent avec elle durant quelques minutes. Par les regards qu'ils jetaient sur nous de temps en temps, je conjecturai qu'ils lui demandaient ce qui nous avait amenés dans la maison.

Pendant qu'ils parlaient à Marguerite, la Baronne exprimait ses craintes sur l'inquiétude où serait son époux en ne la voyant pas revenir. Elle avait eu dessein d'envoyer un de ses gens au Baron pour le rassurer ; mais ce qu'on venait de lui dire sur les dangers de la forêt, ne lui permettait plus d'user de ce moyen : Claude la tira d'embarras. Il fallait absolument, lui dit-il, qu'il allât à Strasbourg cette nuit, et si Madame voulait lui confier une lettre, il la remettrait fidèlement.

« Et comment se fait-il, observai-je á Claude, que vous n'ayez aucune crainte de rencontrer ces brigands ».

« Hélas ! Monsieur, un pauvre homme chargé d'une famille nombreuse, ne doit pas, pour un petit danger, sacrifier un bénéfice certain ; car peut-être que Monsei-

gneur le Baron me donnera quelque chose
pour ma peine. D'ailleurs je n'ai rien à
perdre que ma vie, et cela ne vaut pas la
peine d'être pris par les voleurs ».

Je trouvai son raisonnement très-mau-
vais, et je lui conseillai d'attendre jusqu'au
lendemain matin ; mais la Baronne ne me
secondant pas, je fus forcé de ne pas insister davantage. La Baronne de Lidenberg,
comme j'en ai été convaincu par la suite,
avait depuis long-temps pris l'habitude de
sacrifier les intérêts des autres au sien propre, et le désir qu'elle avait d'envoyer
Claude á Strasbourg, lui fermait les yeux
sur les périls de cette course. Il fut donc
arrêté que Claude partirait tout de suite.
La Baronne écrivit un mot á son époux,
et moi à mon banquier, pour le prévenir
que je n'arriverais á Strasbourg que le
lendemain Claude prit nos lettres, et
partit.

La Baronne déclara que le voyage l'avait
extrêmement fatiguée, attendu qu'elle venait de loin, et que les postillons avaient
eu la mal-adresse de s'égarer long-temps
dans la forêt ; puis s'adressant á Marguerite, elle la pria dé trouver bon qu'elle
allât se reposer une demi-heure. Une des
femmes-de-chambre fut aussitôt appelée ;
elle vint avec une lumière, et la Baronne
la suivit. Comme on devait souper dans la

chambre où j'étais, Marguerite me donna bientôt à entendre que je la gênais beaucoup. Il m'eût été difficile de ne pas la comprendre ; aussi je priai un des jeunes gens de me conduire à la chambre où je devais coucher, et où je resterais jusqu'à ce que le souper fût servi.

« Quelle chambre est-ce, ma mère, dit Robert » ?

« La chambre verte, répondit-elle. Je me suis donné beaucoup de peines pour la nettoyer, et j'ai mis des draps blancs au lit ; si Monsieur s'avise de s'étendre dessus, il pourra le refaire lui-même, je ne m'en mêle plus ».

« Vous n'êtes pas de bonne humeur, ma mère, mais c'est-là votre habitude. Voulez-vous bien me suivre, Monsieur » ?

Il ouvrit la porte, et s'avança vers un escalier fort étroit.

« Vous ne prenez pas de lumière, dit Marguerite ; est-ce à vous ou à Monsieur que vous voulez rompre le col » ?

Elle vint aussitôt se mettre entre son beau-fils et moi, un flambeau à la main. Robert prit le flambeau, et commença à monter. Son frère Jacques, occupé à mettre le couvert, avait le dos tourné de notre côté. Marguerite saisit ce moment ; elle prit ma main, et la serrant avec force :

« Regardez les draps de votre lit », me

dit-elle en passant près de moi, et aussitôt elle se rapprocha de Jacques.

Frappé de son action et de ses paroles,
je restai immobile; mais la voix de Robert,
qui me priait de le suivre, me rappela bientôt à moi-même. Je montai donc l'escalier. Mon conducteur me fit entrer dans
une chambre où l'on avait allumé un très-
bon feu; il mit le flambeau sur la table,
et me demanda si je n'avais plus rien à
lui ordonner. Je le remerciai, et il me
quitta. Vous vous doutez bien que le premier moment où je me vis seul, fut celui
où je suivis le conseil de Marguerite. Je
saisis le flambeau, je courus au lit et je
renversai la couverture. Quelle fut ma
surprise, mon horreur, en voyant ces
draps rouges de sang!

Aussitôt mille idées confuses se présen-
tèrent à mon esprit. Les brigands qui in-
festaient le bois, l'exclamation de Marguerite au sujet de ses enfans, les armes
et la figure des deux jeunes gens, et les
différentes anecdotes que j'avais ouï raconter sur la secrète intelligence qui existe
souvent entre les postillons et les voleurs,
tous ces souvenirs qui s'offraient à la fois,
me remplirent de soupçons et d'épouvante.
J'étais à chercher par quels moyens je
pourrais m'assurer positivement de ce que
j'avais à craindre, lorsque j'entendis en

bas quelqu'un qui allait et venait avec beaucoup de vivacité. Tout alors me semblait suspect. Je m'approchai doucement de la fenêtre, qui (attendu que depuis long-temps on n'était pas entré dans cette chambre) était restée ouverte, malgré le froid. Sans m'avancer beaucoup, je regardai en bas. Les rayons de la lune me permirent de distinguer un homme, que, sans peine, je reconnus pour mon hôte. J'épiai ses mouvemens. Il marchait vîte, puis il s'arrêtait et semblait prêter l'oreille; il frappait la terre de ses pieds et sa poitrine de ses bras, comme pour se garantir du froid; au moindre bruit, au plus léger son de voix venant de l'intérieur de la maison, au plus petit murmure du vent parmi les arbres, il s'arrêtait, et regardait autour de lui avec inquiétude.

« Que le diable l'emporte! dit-il enfin, comme excédé d'impatience, qu'est-ce qui peut le retenir » ?

Il parlait à voix basse; mais comme il était directement sous ma fenêtre, je ne perdais aucune de ses paroles.

J'entendis alors le pas de quelqu'un qui approchait. Baptiste alla au-devant, et joignit un homme, qu'à sa petite taille et au cornet suspendu à son col, je reconnus pour mon perfide Claude, que j'avais supposé être en route pour Strasbourg. Espérant que leur entretien pourrait me donner quelques lumières sur ma situation, je n'eus rien de plus pressé que de me mettre en état de l'entendre sans aucun risque. En conséquence, je me hâtai d'éteindre le flambeau qui était sur une table près du lit; la flamme du feu n'était pas assez forte pour me trahir, et j'allai reprendre ma place á la fenêtre.

Les deux objets de ma curiosité étaient encore ensemble. Je suppose que, tandis que j'éteignais la lumière; le Bucheron avait grondé Claude d'avoir tardé si long-temps; car, à mon retour à la fenêtre, Claude était á s'excuser.

« Quoi qu'il en soit, disait-il, je vais, par ma diligence, réparer le temps perdu».

« A cette condition, répondit Baptiste, je vous pardonnerai volontiers; mais en vérité, comme vous avez dans nos prises une part égale á la nôtre, vous devriez bien, pour votre propre intérêt, y mettre toute l'activité possible. Il serait honteux de laisser échapper une si belle proie. Vous dites que cet Espagnol est riche» ?

« Son domestique s'est vanté à l'auberge que les effets qui étaient dans leur voiture valaient plus de deux mille pistoles».

O ! combien je maudis l'imprudente vanité de Stéphano.

« Et l'on m'a dit, continua le Postillon,

que la Baronne avait emporté avec elle ur
écrin de diamans d'une valeur immense»

« A la bonne heure ; mais j'aimerai
mieux qu'elle ne fut pas venue chez moi
L'Espagnol était une prise assurée ; me:
enfans et moi, nous serions aisément ve
nus á bout du maître et du domestique
et les deux mille pistoles auraient été dis-
tribuées entre nous quatre. A présent
nous serons obligés de partager avec le
bande, et peut-être encore la couvé
toute entière nous échappera-t-elle. S
nos camarades s'étaient déjá retirés á leur
différens postes quand vous arriverez á le
caverne, tout serait perdu. Les domesti
ques de la Baronne sont trop nombreu:
pour qu'á nous seuls nous puissions le
attaquer; á moins que nos associés n'arri
vent à temps, il nous faudra, malgré nous
laisser partir demain ces voyageurs san
la plus légère égratignure »

« Il est bien malheureux que les Postillons qui ont mené la Baronne, soient pré
cisément ceux de mes camarades qui n
s'entendent pas avec nous. Mais ne craignez rien, ami Baptiste, dans une heur
je serai á la caverne; il n'est encore que
dix heures, et á minuit vous verrez arri
ver la troupe. Jusques-là, prenez garde :
votre femme ; vous savez combien elle :
de répugnance pour notre genre de vie
ell

elle peut trouver quelques moyens d'informer de notre dessein les domestiques de la Baronne ».

« Oh ! je suis sûr de son silence ; elle me craint trop, elle aime trop ses enfans, pour oser trahir mon secret. D'ailleurs Jacques et Robert ne la perdent pas de vue, et on ne lui laisse pas mettre le pied hors de la maison. Les domestiques sont tranquillement établis dans la grange. J'aurai soin de tenir tout paisible jusqu'à l'arrivée de nos amis. Si j'étais sûr que tu les trouvasses, nous nous déferions à l'instant même des deux étrangers. Mais comme il est possible qu'ils ne soient plus à la caverne, j'aurais à craindre d'être forcé demain par les domestiques de leur représenter leurs maîtres ».

« Et si quelqu'un des voyageurs venait à découvrir votre dessein » ?

« Alors il n'y a plus à balancer. Nous poignarderions ceux qui sont entre nos mains, et nous ferions de notre mieux pour surprendre les autres dans la grange. Cependant, pour prévenir tant de risques et d'embarras, cours à la caverne ; les voleurs ne la quittent jamais avant onze heures, et si tu fais diligence, tu peux arriver à temps pour les avertir ».

« Vous direz à Robert que j'ai pris son cheval : le mien a cassé sa bride, et s'est échappé dans le bois. Quel est le mot d'ordre » ?

« La récompense du courage ».

« Cela suffit. Je cours á la caverne ».

« Et moi, je vais rejoindre mes hôtes, de peur qu'une trop longue absence ne leur fasse naître quelques soupçons. Adieu, et ne perds pas de temps ».

Ces dignes associés se séparèrent, l'un alla du côté de l'écurie, et l'autre prit le chemin de la maison.

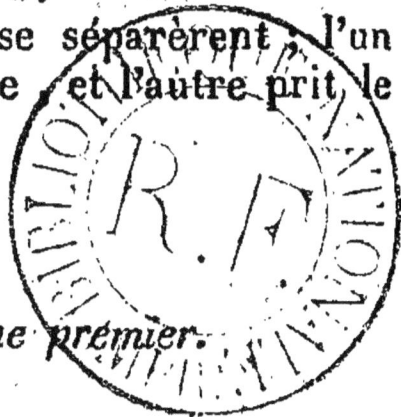

*Fin du tome premier.*

www.ingramcontent.com/pod-product-compliance
Lightning Source LLC
Chambersburg PA
CBHW052347090426
42739CB00011B/2348